Dr. Oetker

# Torten aus dem Kühlschrank

Dr. Oetker

# Torten aus dem Kühlschrank

Dr. Oetker Verlag

# VORWORT

Wenn der Sommer uns nach draußen lockt und wir mit netten Menschen zusammensitzen, darf ein leckeres Stück Torte auf keinen Fall fehlen! Und da es auch in der Küche nicht heiß hergehen soll, kommen unsere Favoriten allesamt aus dem Kühlschrank.

Lieben Sie es fruchtig? Dann freuen Sie sich auf Brombeer-Frischkäse-Torte oder Erdbeer-Orangen-Torte. Oder lieber edel? Dann ist die Rhabarbertorte mit Rosenwasser genau das Richtige für Sie. Schoko- und Kaffeeliebhaber kommen beim White Chocolate Cheesecake und der beliebten Café-frappé-Torte voll auf Ihre Kosten.

Für kleine Runden und große Vielfalt haben wir darauf geachtet, mehrere Rezepte für kleine Torten mit aufzunehmen.

# Amarena-Kirsch-Torte 12 Stücke

**PRO STÜCK:** E: 9 g, F: 30 g, Kh: 25 g, kJ: 1725, kcal: 411, BE: 2,0
**ZUBEREITUNGSZEIT:** 35 Minuten **KÜHLZEIT:** 2 ½ Stunden

## FÜR DEN BODEN:

**250 g** Mini-Cookies mit 40 % Schokolade

**100 g** Butter

## FÜR DEN BELAG:

**140 g** abgetropfte Amarena-Kirschen (aus dem Glas)

**4 Blatt** weiße Gelatine
**500 g** Mascarpone (ital. Frischkäse)
**500 g** Magerquark
**50 g** Zucker
abgeriebene Schale von
**1** Bio-Zitrone (unbehandelt, ungewachst)

**4 EL** Zitronensaft
**4 EL** Amarenasirup (von den Kirschen aus dem Glas)

**1.** Einen Tortenring (Ø 26 cm) auf eine mit Backpapier oder Tortenspitze belegte Tortenplatte stellen.

**2.** Für den Boden Mini-Cookies in einen Gefrierbeutel geben (6 Stück zum Garnieren beiseitelegen). Den Beutel verschließen. Cookies mit einer Teigrolle fein zerbröseln und in eine Rührschüssel geben. Die Butter zerlassen. Butter unter die Bröselmasse rühren. Die Masse in den Tortenring geben und mit einem Löffel gleichmäßig zu einem Boden andrücken. Tortenboden in den Kühlschrank stellen.

**3.** Für den Belag von den abgetropften Kirschen den Sirup auffangen und 4 Esslöffel abmessen. 6 Kirschen zum Garnieren beiseitelegen. Restliche Kirschen halbieren.

**4.** Gelatine in kaltem Wasser nach Packungsanleitung einweichen. Mascarpone mit Quark, Zucker und Zitronenschale verrühren. Gelatine ausdrücken, in einem kleinen Topf bei schwacher Hitze unter Rühren auflösen. Zitronensaft unterrühren. Gelatinemischung zunächst mit 3–4 Esslöffeln der Mascarpone-Quark-Masse verrühren. Dann unter die restliche Mascarpone-Quark-Masse rühren. Unter ein Drittel der Masse die halbierten Kirschen heben, auf den Bröselboden geben und glatt streichen. Restliche Mascarpone-Quark-Masse daraufgeben und verstreichen.

**5.** Den abgemessenen Amarenasirup auf der Mascarpone-Quark-Masse verteilen und mit einer Gabel oder einem Löffelstiel ein Marmormuster durch die Oberfläche ziehen. Die Torte mindestens 2 Stunden in den Kühlschrank stellen.

**6.** Tortenring lösen und entfernen. Beiseitegelegte Kirschen halbieren. Die beiseitegelegten Cookies in Stücke brechen. Die Tortenoberfläche mit den halbierten Kirschen und Gebäckstücken garnieren.

# Dolce Vita pur

# Aprikosen-Cheesecake 8 Stücke

**PRO STÜCK:** E: 6 g, F: 13 g, Kh: 45 g, kJ: 1372, kcal: 335, BE: 3,6
**ZUBEREITUNGSZEIT:** 40 Minuten **KÜHLZEIT:** 3 ½ Stunden

## FÜR DEN BODEN:

**140 g** Amarettini
(ital. Mandelmakronen)

**100 g** Butter

## FÜR DIE CREME:

**1 Dose** Aprikosenhälften mit dem Saft (260 g Einwaage)

**2 Pck.** Aranca Aprikose-Maracuja-Geschmack (Dessertpulver)

**150 g** Magerquark
**150 g** griechischer Sahnejoghurt (10 % Fett)

## FÜR DAS TOPPING:

**2 Blatt** weiße Gelatine
**260 g** Aprikosenhälften
(aus der Dose)

**1.** Einen Tortenring (Ø 22 cm) auf eine mit Backpapier belegte Tortenplatte stellen.

**2.** Für den Boden Amarettini in einen Gefrierbeutel geben. Den Beutel fest verschließen. Die Kekse mit einer Teigrolle fein zerbröseln und in eine Rührschüssel geben. Butter zerlassen und zu den Bröseln geben. Die Bröselmasse gut vermischen. Die Masse in den Tortenring geben und mit einem Löffel zu einem Boden fest andrücken. Tortenboden in den Kühlschrank stellen.

**3.** Für die Creme die Aprikosen zusammen mit dem Saft mit einem Pürierstab fein pürieren. Aprikosenpüree, Dessertpulver, Quark und Joghurt mit einem Mixer (Rührstäbe) in etwa 4 Minuten schaumig schlagen. Die Creme auf den Boden in den Tortenring füllen und glatt streichen. Den Cheesecake in den Kühlschrank stellen.

**4.** Für das Topping Gelatine in kaltem Wasser nach Packungsanleitung einweichen. Aprikosen in einem Sieb gut abtropfen lassen. 200 g Aprikosen mit einem Pürierstab fein pürieren. 4 Esslöffel von dem Püree in einem kleinen Topf leicht erwärmen. Eingeweichte Gelatine ausdrücken und darin auflösen. Den Topf von der Kochstelle nehmen und das restliche Püree unterrühren.

**5.** Das fast erkaltete Aprikosenpüree auf dem Cheesecake verteilen. Den Aprikosen-Cheesecake etwa 3 Stunden in den Kühlschrank stellen.

**6.** Den Aprikosen-Cheesecake mit den restlichen Aprikosen garnieren.

**Tipp:** Den Kuchen nach Belieben mit ungeschälten Mandeln und Minzeblättchen garnieren.

kleines Früchteglück

# Apfeltorte mit Sahnepudding 12 Stücke

**PRO STÜCK:** E: 4 g, F: 22 g, Kh: 40 g, kJ: 1561, kcal: 373, BE: 3,5
**ZUBEREITUNGSZEIT:** 45 Minuten  **KÜHLZEIT:** 3 ½ Stunden

## FÜR DIE PUDDINGFÜLLUNG:

**500 ml** Milch (3,5 % Fett)
**40 g** Zucker
**1 Pck.** Dr. Oetker Pudding-Pulver Sahne-Geschmack

## FÜR DEN BODEN:

**170 g** Zwieback
**70 g** Zucker
**170 g** Butter
abgeriebene Schale von
**1** Bio-Zitrone (unbehandelt, ungewachst)

## FÜR DEN APFELBELAG:

**5** Äpfel, z. B. Elstar (850 g)
**3 EL** Zitronensaft
**30 g** Zucker
**1 Pck.** ungezuckerter Tortenguss, klar
**6 EL** Wasser

## FÜR DIE CREME:

**1 Pck.** Sahnesteif
**20 g** Puderzucker
**150 g** Schlagsahne (mind. 30 % Fett)
**150 g** Crème fraîche

**1.** Für die Puddingfüllung Pudding nach Packungsanleitung zubereiten. Pudding in eine Schüssel geben. Direkt auf die Oberfläche eine Lage Frischhaltefolie legen, damit der Pudding keine Haut bekommt. Den Pudding etwa 1 Stunde erkalten lassen.

**2.** Für den Boden Zwieback in einen Gefrierbeutel geben und den Beutel fest verschließen. Zwieback mit einer Teigrolle fein zerbröseln. Den Zucker in einem Topf hellbraun karamellisieren lassen. Den Topf sofort von der Kochstelle nehmen. Die Butter nach und nach unterrühren und zerlassen. Karamell-Butter-Masse unter Rühren vorsichtig erhitzen, bis sich eventuelle Klümpchen aufgelöst haben. Zitronenschale und Zwiebackbrösel unterheben. 3 Esslöffel der Bröselmasse zum Garnieren beiseitelegen.

**3.** Einen Tortenring (Ø 26 cm) auf eine mit Backpapier belegte Tortenplatte stellen. Die Bröselmasse darin gleichmäßig verteilen und mit einem Löffel zu einem Boden andrücken. Tortenboden in den Kühlschrank stellen.

**4.** Inzwischen für den Apfelbelag die Äpfel waschen, abtrocknen, vierteln und entkernen. Vier Apfelviertel dünn mit Zitronensaft bestreichen und bis zum Garnieren zugedeckt in den Kühlschrank stellen. Restliche Apfelviertel der Länge nach in je 3 Spalten, dann die Spalten quer in schmale Streifen schneiden. Apfelstreifen mit restlichem Zitronensaft und Zucker in einem Topf mischen und 30 Minuten zum Saftziehen stehen lassen.

**5.** In der Zwischenzeit den erkalteten Pudding mit einem Mixer (Rührstäbe) durchrühren, auf dem Tortenboden verteilen und glatt streichen.

paradiesischer Genuss

**6.** Tortengusspulver mit Wasser anrühren. Die Apfelstreifen mit der Flüssigkeit 1–2 Minuten kochen (die Apfelstreifen sollten nicht zerfallen). Angerührtes Tortengusspulver einrühren, kurz aufkochen. Die Apfelmasse auf der Puddingschicht verstreichen, erkalten lassen und mindestens 2 Stunden in den Kühlschrank stellen.

**7.** Für die Creme Sahnesteif und Puderzucker mischen. Sahne und Crème fraîche in einen Rührbecher geben und steif schlagen, dabei die Puderzucker-Sahnesteif-Mischung einrieseln lassen. Die Creme auf den Apfelbelag streichen. Torte bis zum Servieren in den Kühlschrank stellen.

**8.** Den Tortenring lösen und entfernen. Zum Garnieren die beiseitegelegten Apfelviertel in 24 Spalten schneiden. Die Torte mit Apfelspalten und beiseitegestellten Bröseln garnieren. Torte in Stücke schneiden.

# Kakitorte mit Preiselbeeren 12 Stücke

**PRO STÜCK:** E: 5 g, F: 18 g, Kh: 33 g, kJ: 1310, kcal: 313, BE: 2,5
**ZUBEREITUNGSZEIT:** 55 Minuten  **KÜHLZEIT:** 3 ½ Stunden

## FÜR DEN BODEN:

**100 g** Pumpernickel
**80 g** Vollkorn-Butterkekse
**80 g** Butter (zimmerwarm)
**2 EL** Zucker
**1 Msp.** gem. Zimt

## FÜR DEN BELAG:

**9 Blatt** weiße Gelatine
**3** Eigelb (Größe M)
**80 g** Zucker
**1 Pck.** Dr. Oetker Bourbon-Vanille-Zucker

**500 ml** Milch (3,5 % Fett)
**2** reife Kakis (etwa 600 g)
abgeriebene Schale von
**½** Bio-Limette (unbehandelt, ungewachst)

**300 g** Schlagsahne
(mind. 30 % Fett)

**150 g** Wildpreiselbeeren
(aus dem Glas)

**1.** Einen Tortenring (Ø 26 cm) auf eine mit Backpapier belegte Tortenplatte stellen.

**2.** Für den Boden Pumpernickel in Stücke brechen und im Blitzhacker fein hacken. Butterkekse in Stücke brechen, dazugeben und zusammen mit den Pumpernickelbröseln weiter zerkleinern, bis die Masse gleichmäßig vermischt ist.

**3.** Butter, Zucker und Zimt in eine Rührschüssel geben und mit dem Mixer (Rührstäbe) schaumig schlagen. Brösel-mischung unterrühren. Die Masse in den Tortenring geben und mit einem Löffel zu einem Boden andrücken. Torten-boden in den Kühlschrank stellen.

**4.** Für den Belag die Gelatine in kaltem Wasser nach Packungsanleitung einweichen. Eigelb mit Zucker und Vanille-Zucker in einem Topf verrühren. Milch in einem zweiten Topf aufkochen. Dann nach und nach unter die Eigelbmasse rühren. Die Masse unter Rühren kurz erhitzen, bis das Eigelb leicht bindet (nicht kochen lassen!). Topf von der Kochstelle nehmen.

**5.** Gelatine leicht ausdrücken und in der heißen Masse auflösen. Die Masse unter gelegentlichem Rühren abkühlen lassen und in den Kühlschrank stellen.

**6.** Inzwischen die Kakis abspülen, abtrocknen, die Blüten entfernen und mit einem Sparschäler schälen. Kakis in etwa ½ cm große Würfel schneiden (evtl. Kerne entfernen), Limettenschale unterheben, in den Kühlschrank stellen.

**7.** Sobald die Masse für den Belag zu gelieren beginnt, die Sahne steif schlagen und unterheben. Ein Drittel der Creme abnehmen und die Kakiwürfel unterheben. Diese Mischung auf den Boden geben und glatt streichen. Restli-che Creme darauf verstreichen.

**exotischer Genuss**

**8.** Die Preiselbeeren pürieren und mit einem Esslöffel auf der Oberfläche verteilen. Preiselbeeren schlierenartig unter die Creme ziehen, sodass ein Marmormuster entsteht. Die Torte bis zum Servieren mindestens 3 Stunden in den Kühlschrank stellen.

**9.** Zum Servieren den Tortenring lösen und entfernen. Torte in Stücke schneiden.

**Tipp:** Schälen Sie die andere Hälfte der Limette sehr dünn und schneiden die Streifen dann sehr fein. Garnieren Sie die Kakitorte mit Preiselbeeren und Limettenstreifen. Feine Streifen können Sie auch mit einem Zestenreißer (Haushaltswarengeschäft) abreißen.

# Birnen-Zwieback-Torte 12 Stücke

**PRO STÜCK:** E: 8 g, F: 21 g, Kh: 31 g, kJ: 1464, kcal: 350, BE: 2,5
**ZUBEREITUNGSZEIT:** 45 Minuten **KÜHLZEIT:** 3 ½ Stunden

## FÜR DEN BODEN:

**100 g** Zwieback
**100 g** Butter
**75 g** brauner Zucker
**1–2 EL** Amaretto

## FÜR DEN BELAG:

**100 g** Zartbitter-Schokolade
**4 Blatt** weiße Gelatine
**400 g** Schlagsahne
(mind. 30 % Fett)

**500 g** Magerquark
**1 Pck.** Dr. Oetker Vanillin-Zucker
**50 g** Zucker
**460 g** gut abgetropfte Birnenhälften
(aus der Dose)

**1 Pck.** Sahnesteif
**1 TL** Zucker
**1 EL** Wild-Preiselbeerdessert
(aus dem Glas)

**1.** Einen Tortenring (Ø 26 cm) auf eine mit Backpapier belegte Tortenplatte stellen.

**2.** Für den Boden Zwieback in einen Gefrierbeutel geben. Den Beutel verschließen. Zwieback mit einer Teigrolle fein zerbröseln. Die Brösel in eine Rührschüssel geben. Butter zerlassen, mit Zucker und Amaretto zu den Zwiebackbröseln geben und gut verrühren. Die Masse in den Tortenring geben und mit einem Löffel gleichmäßig zu einem Boden andrücken. Tortenboden in den Kühlschrank stellen.

**3.** Für den Belag von der Schokolade mit einem Sparschäler einige Locken zum Garnieren abschälen und beiseitelegen. Restliche Schokolade in kleine Stücke schneiden oder hacken. Die Gelatine in kaltem Wasser nach Packungsanleitung einweichen. Die Hälfte der Sahne steif schlagen. Quark, Vanillin-Zucker und Zucker gut verrühren, die Schokoladenstücke unterrühren.

**4.** Gelatine ausdrücken, in einem kleinen Topf bei schwacher Hitze unter Rühren auflösen. Gelatine zunächst mit 3 Esslöffeln der Quarkmasse verrühren, dann unter die restliche Quarkmasse rühren. Geschlagene Sahne vorsichtig unterheben.

**5.** Die Quark-Sahne-Creme auf dem Boden verteilen und glatt streichen. Die Torte mindestens 3 Stunden in den Kühlschrank stellen.

**6.** Den Tortenring lösen und entfernen. Restliche Sahne mit Sahnesteif und Zucker steif schlagen. Geschlagene Sahne in einen Spritzbeutel mit Sterntülle füllen. Einen Kranz auf den Tortenrand spritzen. Die Torte mit Birnenhälften belegen und mit Sahnetuffs verzieren. Preiselbeeren in die Birnenhälften geben. Vor dem Servieren die Birnen-Zwieback-Torte mit den Schokolocken garnieren.

# mit Amaretto

**Tipp:** Statt Amaretto können Sie auch 1–2 Esslöffel von dem Birnensaft aus der Dose verwenden.

# Brombeer-Frischkäse-Torte 12 Stücke

**PRO STÜCK:** E: 5 g, F: 26 g, Kh: 26 g, kJ: 357, kcal: 357, BE: 2,0
**ZUBEREITUNGSZEIT:** 35 Minuten **KÜHLZEIT:** 2 ½ Stunden

## FÜR DEN BODEN:
**150 g** Löffelbiskuits
**125 g** Butter

## FÜR DIE FÜLLUNG:
**500 g** Brombeeren
**3 Blatt** weiße Gelatine
**200 g** Doppelrahm-Frischkäse
**400 g** Schlagsahne
(mind. 30 % Fett)
**50 g** Zucker
**2 EL** Zitronensaft

## FÜR DEN GUSS:
**100 g** Brombeeren
**50 g** Zucker
**1 Pck**. gezuckerter Tortenguss, rot
**1 EL** Zucker

**1.** Einen Tortenring (Ø 26 cm) auf eine mit Backpapier belegte Tortenplatte stellen.

**2.** Für den Boden Löffelbiskuits in einen Gefrierbeutel geben und den Beutel verschließen. Die Löffelbiskuits mit einer Teigrolle fein zerbröseln. Brösel in eine Rührschüssel geben. Butter zerlassen, zu den Bröseln geben und gut verrühren. Die Masse in den Tortenring geben und mit einem Löffel gleichmäßig zu einem Boden andrücken. Tortenboden in den Kühlschrank stellen.

**3.** Für die Füllung Brombeeren verlesen, abspülen, trocken tupfen, entstielen und auf dem Bröselboden verteilen.

**4.** Gelatine in kaltem Wasser nach Packungsanleitung einweichen. Frischkäse mit 100 g Sahne, Zucker und Zitronensaft verrühren. Gelatine ausdrücken und in einem kleinen Topf bei schwacher Hitze unter Rühren auflösen. Gelatine mit 2–3 Esslöffeln der Frischkäsemasse verrühren, dann unter die restliche Frischkäsemasse rühren. Masse in den Kühlschrank stellen.

**5.** Sobald die Masse anfängt zu gelieren, die restliche Sahne steif schlagen und unter die Frischkäsemasse heben. Frischkäsecreme auf den Brombeeren verteilen und glatt streichen. Torte etwa 1 Stunde in den Kühlschrank stellen.

**6.** Für den Guss Beeren verlesen, abspülen, trocken tupfen und entstielen. Beeren zunächst pürieren, dann durch ein Sieb passieren. Zucker unterrühren. Brombeermasse mit Wasser auf 250 ml auffüllen und in einen Topf geben. Aus Brombeerflüssigkeit, Tortengusspulver und Zucker einen Guss nach Packungsanleitung zubereiten. Guss heiß auf die Frischkäsecreme geben. Mithilfe eines Löffelstiels ein Marmormuster durch den Guss ziehen. Torte mindestens 1 Stunde in den Kühlschrank stellen.

# schnelle Verführung

**7.** Zum Servieren den Tortenring lösen und entfernen. Die
Torte in Stücke schneiden.

# Mandarinen-Frischkäse-Torte 16 Stücke

**PRO STÜCK:** E: 4 g, F: 19 g, Kh: 25 g, kJ: 1227, kcal: 293, BE: 2,0
**ZUBEREITUNGSZEIT:** 40 Minuten **KÜHLZEIT:** 4 ½ Stunden

## FÜR DEN BODEN:

**200 g** Löffelbiskuits
**120 g** Butter
**1 Pck.** Dr. Oetker Finesse Geriebene Zitronenschale

## FÜR DIE FRISCHKÄSEMASSE:

**200 ml** kaltes Wasser
**1 Beutel aus 1 Pck.** Götterspeise Zitronen-Geschmack

**200 g** Doppelrahm-Frischkäse
**150 g** Zucker
**400 g** Schlagsahne
(mind. 30 % Fett)

Saft von
**2** Zitronen

**480 g** abgetropfte Mandarinen
(aus der Dose)

**1.** Einen Tortenring (Ø 26 cm) auf eine mit Backpapier belegte Tortenplatte stellen.

**2.** Für den Boden die Löffelbiskuits in einen Gefrierbeutel geben. Den Beutel fest verschließen. Die Biskuits mit einer Teigrolle fein zerbröseln und mit der Zitronenschale in eine Schüssel geben. Die Butter zerlassen, zu den Biskuitbröseln geben und gut verrühren. Die Masse in den Tortenring geben und mit einem Löffel fest zu einem Boden andrücken. Den Tortenboden in den Kühlschrank stellen.

**3.** Für die Frischkäsemasse Wasser in einen Topf gießen. Das Götterspeisepulver unter Rühren einstreuen. Die Mischung etwa 2 Minuten beiseitestellen und quellen lassen, anschließend das Götterspeisepulver bei schwacher Hitze unter Rühren auflösen.

**4.** Frischkäse und Zucker in eine Rührschüssel geben und glatt rühren. Die aufgelöste Götterspeise nach und nach mit einem Schneebesen unter den Frischkäse rühren. Die Frischkäsecreme in den Kühlschrank stellen, bis sie anfängt zu gelieren.

**5.** Die Sahne steif schlagen. Die gelierende Frischkäsecreme mit einem Schneebesen glatt rühren, dann den Zitronensaft unterrühren. Die Frischkäsecreme dann nochmals 2–3 Minuten in den Kühlschrank stellen. Anschließend die Sahne portionsweise unter die Frischkäsecreme heben. Ein Drittel der Creme beiseitestellen. Unter die restliche Creme vorsichtig die Mandarinen heben.

**6.** Die Zitronen-Mandarinen-Creme auf dem Bröselboden verstreichen. Die beiseitegestellte Creme mit einem Esslöffel gleichmäßig darauf verteilen und verstreichen. Torte mindestens 4 Stunden in den Kühlschrank stellen.

**7.** Zum Servieren den Tortenring lösen und entfernen. Die
Torte in Stücke schneiden.

# Croissant-Torte 12 Stücke

**PRO STÜCK:** E: 3 g, F: 12 g, Kh: 26 g, kJ: 939, kcal: 225, BE: 2,0
**ZUBEREITUNGSZEIT:** 50 Minuten **KÜHLZEIT:** 2 ½ Stunden

## FÜR DEN BODEN:

**3** Buttercroissants (je 50 g)
**60 g** Zucker
**30 g** Butter

## FÜR DEN BELAG:

**6 Blatt** weiße Gelatine
**200 g** bittere Orangenmarmelade
**450 g** saure Sahne
**125 g** Schlagsahne
(mind. 30 % Fett)

## ZUM GARNIEREN:

**2–3 EL** rotes Johannisbeergelee

**1.** Für den Boden die Enden der Croissants knapp abschneiden. Croissants jeweils quer in 5 Scheiben schneiden. Scheiben portionsweise in einer beschichteten Pfanne ohne Fett bei schwacher Hitze von beiden Seiten goldbraun rösten und herausnehmen.

**2.** Einen Tortenring (Ø 26 cm) auf eine mit Backpapier belegte Tortenplatte stellen. Die Croissantscheiben nebeneinander so in den Tortenring legen, sodass der Boden bedeckt ist. Die abgeschnittenen Enden der Croissants zerbröseln und auf den Boden streuen.

**3.** Den Zucker in einer Pfanne hellbraun karamellisieren lassen. Die Pfanne von der Kochstelle nehmen. Butter zum Karamell geben und unterrühren. Die Karamellmasse sofort mit einem Löffel in dünnen Streifen auf die Croissantscheiben träufeln. Karamellmasse erkalten lassen.

**4.** Für den Belag die Gelatine in kaltem Wasser nach Packungsanleitung einweichen. Marmelade mit saurer Sahne verrühren. Gelatine leicht ausdrücken und in einem kleinen Topf bei schwacher Hitze unter Rühren auflösen.

**5.** Die Gelatine mit etwa 4 Esslöffeln der Saure-Sahne-Marmeladen-Masse verrühren und dann unter die restliche Sahnemasse rühren. Die Masse in den Kühlschrank stellen.

**6.** Sahne steif schlagen. Sobald die Masse anfängt zu gelieren, Schlagsahne unterheben. Die Creme auf den Croissantboden geben und glatt streichen. Die Torte mindestens 2 Stunden in den Kühlschrank stellen.

**7.** Vor dem Servieren den Tortenring lösen und entfernen. Torte in Stücke einteilen. Das Gelee durch ein Sieb streichen, in einen kleinen Gefrierbeutel füllen und eine kleine Ecke abschneiden. Auf jedes Tortenstück mit dem Gelee ein Muster spritzen.

**feine Sommerfreude**

**Tipps:** Die Torte schmeckt am besten frisch. Das Gelee auf der Torte wird flüssig, wenn es länger als etwa 3 Stunden auf der Torte ist.

# Doppelkeks-Torte mit Heidelbeeren 14 Stücke

**PRO STÜCK:** E: 4 g, F: 17 g, Kh: 26 g, kJ: 1173, kcal: 280, BE: 2,0
**ZUBEREITUNGSZEIT:** 30 Minuten **KÜHLZEIT:** 3 ½ Stunden

## FÜR DEN BODEN:

**60 g** Butter
**400 g** Doppelkekse mit Schokoladenfüllung

## FÜR DIE HEIDELBEERCREME:

**300 g** Heidelbeeren
**400 g** Heidelbeerjoghurt (zimmerwarm)

**2 Beutel aus 1 Pck.** Gelatine fix
**300 g** Schlagsahne (mind. 30 % Fett)

**1 EL** Zucker

**1.** Für den Boden Butter in einem kleinen Topf zerlassen. 4 Kekse vorsichtig von der Schokoladencreme schneiden. Die Schokoladencreme mit einem Messer vorsichtig abschaben und in einen Gefrierbeutel geben.

**2.** Die Kekse vorsichtig mit einem Sägemesser halbieren, sodass 16 Kekshälften entstehen.

**3.** Die restlichen Kekse und 2 der Kekshälften zu der Schokoladencreme in den Gefrierbeutel geben. Den Beutel fest verschließen. Den Inhalt mit einer Teigrolle fein zerbröseln und in eine Rührschüssel geben. Die Butter zerlassen und gut mit den Bröseln verrühren.

**4.** Einen Tortenring (Ø 26 cm) auf eine mit Backpapier belegte Tortenplatte stellen. Die Bröselmasse in den Tortenring geben und mit einem Löffel fest zu einem Boden andrücken. Den Boden in den Kühlschrank stellen.

**5.** Für die Heidelbeercreme Heidelbeeren verlesen, abspülen, gut abtropfen lassen und evtl. entstielen. Den Joghurt in eine Rührschüssel geben und mit einem Mixer (Rührstäbe) kurz aufschlagen. 1 Beutel Gelatine fix unter Rühren in etwa 1 Minute einstreuen.

**6.** In einer anderen Rührschüssel die Sahne steif schlagen. Dann das restliche Gelatine fix unter Rühren in etwa 1 Minute einstreuen. Den Zucker unterrühren. Die Sahne unter den Joghurt heben.

**7.** Die Heidelbeercreme auf dem Bröselboden verstreichen. Die Heidelbeeren auf der Tortenoberfläche verteilen. Die Torte mindestens 3 Stunden in den Kühlschrank stellen.

**zart und knusprig**

**8.** Den Tortenring lösen und entfernen. Die Kekshälften an den Tortenrand stellen und vorsichtig andrücken.

**Tipps:** Die Doppelkeks-Torte schmeckt frisch am besten. Die Torte schmeckt auch mit Himbeeren sehr lecker. Ersetzen Sie dafür die Heidelbeeren durch die gleiche Menge Himbeeren und den Heidelbeerjoghurt durch die gleiche Menge Himbeerjoghurt.

# Himbeertorte mit Joghurtcreme 12 Stücke

**PRO STÜCK:** E: 5 g, F: 17 g, Kh: 32 g, kJ: 1319, kcal: 315, BE: 2,5
**ZUBEREITUNGSZEIT:** 40 Minuten **KÜHLZEIT:** 2 ½ Stunden

## FÜR DEN BODEN:

**200 g** Nuss-Nougat
**12** Zwiebäcke

## FÜR DIE CREME:

**6 Blatt** weiße Gelatine
**300 g** Joghurt (3,5 % Fett)
**150 g** saure Sahne
**50 g** Zucker
**1 Pck.** Dr. Oetker Vanillin-Zucker
**1 Pck.** Dr. Oetker Finesse Geriebene Zitronenschale
**3–4 EL** Zitronensaft
**250 g** Schlagsahne (mind. 30 % Fett)

**500 g** Himbeeren
**2 Pck.** ungezuckerter Tortenguss, rot
**4 EL** Zucker
**200 ml** Johannisbeernektar, rot oder schwarz
**300 ml** Wasser

**40 g** gehobelte Mandeln
**125 g** Schlagsahne (mind. 30 % Fett)

**1.** Einen Tortenring (Ø 26 cm) auf eine mit Backpapier belegte Tortenplatte stellen.

**2.** Für den Boden Nougat in einem kleinen Topf im heißen Wasserbad bei schwacher Hitze unter Rühren schmelzen. Zwiebäcke in Stücke brechen und in einen Gefrierbeutel geben. Den Beutel fest verschließen. Die Zwiebäcke mit einer Teigrolle fein zerbröseln und in eine Schüssel geben. Nougat zu den Zwiebackbröseln geben, gut vermischen. Die Masse in den Tortenring geben und mit einem Löffel gleichmäßig zu einem Boden andrücken. Tortenboden in den Kühlschrank stellen.

**3.** Für die Creme Gelatine nach Packungsanleitung einweichen. Joghurt, saure Sahne, Zucker, Vanillin-Zucker, Zitronenschale und -saft verrühren. Die Gelatine ausdrücken und in einem kleinen Topf bei schwacher Hitze unter Rühren auflösen. Die aufgelöste Gelatine zunächst mit etwa 4 Esslöffeln von der Joghurtmasse verrühren, dann unter die restliche Joghurtmasse rühren. Die Joghurtmasse in den Kühlschrank stellen.

**4.** Sobald die Joghurtmasse anfängt zu gelieren, Sahne steif schlagen und unterheben. Joghurtcreme auf den Bröselboden geben und glatt streichen. Die Torte mindestens 2 Stunden in den Kühlschrank stellen.

**5.** Die Himbeeren verlesen, evtl. kurz abspülen und gut abtropfen lassen. Himbeeren auf der Torte verteilen. Aus Tortengusspulver, Zucker, Nektar und Wasser einen Guss nach Packungsanleitung, aber mit den hier angegebenen Zutaten, zubereiten. Den Guss auf den Himbeeren verteilen. Die Torte in den Kühlschrank stellen, bis der Guss fest geworden ist.

echte Schönheit

**6.** Inzwischen die Mandeln in einer Pfanne ohne Fett unter Wenden goldbraun rösten und auf einen Teller geben.

**7.** Zum Servieren den Tortenring lösen und entfernen. Die Sahne steif schlagen. Den Tortenrand dünn mit Schlagsahne bestreichen und mit Mandeln bestreuen.

# Erdbeer-Orangen-Torte 12 Stücke (Titelrezept)

**PRO STÜCK:** E: 10 g, F: 18 g, Kh: 32 g, kJ: 1395, kcal: 333, BE: 2,5
**ZUBEREITUNGSZEIT:** 50 Minuten **KÜHLZEIT:** 4 Stunden

## FÜR DEN BODEN:
**150 g** Löffelbiskuits
**125 g** Butter
**25 g** Zartbitter-Raspelschokolade

## FÜR DEN QUARKBELAG:
**5 Blatt** weiße Gelatine
**200 g** Doppelrahm-Frischkäse
**500 g** Speisequark (20 % Fett)
**50 g** Zucker
**1 Pck.** Dr. Oetker Vanillin-Zucker
Saft und Schale von
**1** Bio-Zitrone (unbehandelt, ungewachst)

## FÜR DEN FRUCHTBELAG:
**500 g** Erdbeeren
**50 g** Zucker
**4 Blatt** weiße Gelatine

## FÜR DEN GUSS:
**2 Pck.** ungezuckerter Tortenguss, klar
**4 EL** Puderzucker
**500 ml** Orangensaft

**1.** Einen Tortenring (Ø 26 cm) auf eine mit Backpapier belegte Tortenplatte stellen.

**2.** Für den Boden Löffelbiskuits in einen Gefrierbeutel geben. Beutel verschließen. Löffelbiskuits mit einer Teigrolle fein zerbröseln und in eine Rührschüssel geben. Butter zerlassen, mit den Biskuitbröseln gut verrühren. Raspelschokolade unterrühren. Die Masse in den Tortenring geben und mit einem Löffel gleichmäßig zu einem Boden andrücken. Tortenboden in den Kühlschrank stellen.

**3.** Für den Quarkbelag Gelatine in kaltem Wasser nach Packungsanleitung einweichen. Doppelrahm-Frischkäse, Speisequark, Zucker, Vanillin-Zucker, Zitronenschale und -saft in eine Rührschüssel geben und mit einem Schneebesen gut verrühren.

**4.** Gelatine leicht ausdrücken, in einem kleinen Topf bei schwacher Hitze unter Rühren auflösen. Gelatine mit etwa 4 Esslöffeln von der Quarkmasse verrühren, dann unter die restliche Quarkmasse rühren. Die Quarkmasse auf den Boden geben und leicht glatt streichen. Die Torte etwa 2 Stunden in den Kühlschrank stellen.

**5.** Für den Fruchtbelag Erdbeeren abspülen, gut abtropfen lassen und putzen. 4–5 Erdbeeren zum Garnieren beiseitelegen. Restliche Erdbeeren mit dem Zucker pürieren.

**6.** Gelatine wie unter Punkt 3 und 4 beschrieben einweichen und auflösen. Zuerst etwa 3 Esslöffel des Erdbeerpürees unter die Gelatine rühren, dann mit dem restlichen Püree verrühren. Püreemasse auf der Quarkmasse verstreichen. Die Torte etwa 1 Stunde in den Kühlschrank stellen.

**7.** Für den Guss aus Tortengusspulver, Zucker und Orangensaft einen Guss nach Packungsanleitung zubereiten.

so schmeckt der Sommer

**8.** Den Guss mit einem Esslöffel auf der Erdbeerschicht verteilen und glatt streichen. Torte nochmals etwa 30 Minuten in den Kühlschrank stellen.

**9.** Zum Servieren den Tortenring mit einem Messer lösen und entfernen.

**Tipp:** Besonders schön wirkt die Torte, wenn sie mit einigen frischen Heidelbeeren garniert wird.

# Früchte-Joghurt-Torte 6 Stücke

**PRO STÜCK:** E: 7 g, F: 21 g, Kh: 35 g, kJ: 1495, kcal: 357, BE: 3,0
**ZUBEREITUNGSZEIT:** 40 Minuten **KÜHLZEIT:** 4 Stunden

## FÜR DEN BODEN:

**100 g** Löffelbiskuits
**50 g** Butter

## FÜR DIE FÜLLUNG:

**5 Blatt** weiße Gelatine
**300 g** Joghurt (3,5 % Fett)
**50 g** Zucker
**1 Pck.** Dr. Oetker Vanillin-Zucker
**1–2 EL** Zitronensaft
**200 g** Schlagsahne
(mind. 30 % Fett)

## FÜR DEN BELAG:

**400 g** vorbereitetes, frisches Obst der Saison (z. B. Erdbeeren, Nektarinen, Heidelbeeren, Johannisbeeren)
**½ Pck.** gezuckerter Tortenguss, klar
**125 ml** Apfelsaft

**1.** Einen Tortenring (Ø 20 cm) auf eine mit Backpapier belegte, kleine Tortenplatte stellen.

**2.** Für den Boden Löffelbiskuits in einen Gefrierbeutel geben. Den Beutel verschließen. Löffelbiskuits mit einer Teigrolle fein zerbröseln. Brösel in eine Rührschüssel geben. Butter zerlassen, zu den Biskuitbröseln geben und gut verrühren. Bröselmasse in den Tortenring geben und mit einem Löffel zu einem Boden andrücken. Tortenboden in den Kühlschrank stellen.

**3.** Für die Füllung Gelatine in kaltem Wasser nach Packungsanleitung einweichen. Joghurt mit Zucker, Vanillin-Zucker und Zitronensaft verrühren. Die Gelatine leicht ausdrücken und in einem kleinen Topf bei schwacher Hitze unter Rühren auflösen. Gelatine mit etwa 3 Esslöffeln von der Joghurtmasse verrühren, dann unter die restliche Joghurtmasse rühren und in den Kühlschrank stellen.

**4.** In der Zwischenzeit die Sahne steif schlagen. Wenn die Masse anfängt zu gelieren, Sahne unterheben. Die Creme auf den Bröselboden geben und glatt streichen. Die Torte 2–3 Stunden in den Kühlschrank stellen.

**5.** Für den Belag die Torte mit dem vorbereiteten Obst belegen. Aus Tortengusspulver und Apfelsaft nach Packungsanleitung einen Guss zubereiten. Den Guss auf dem Obst verteilen. Die Torte wieder in den Kühlschrank stellen und den Guss fest werden lassen.

**6.** Zum Servieren den Tortenring lösen und entfernen. Torte in Stücke schneiden.

**Tipp:** Für eine große Torte (Ø 26 cm) stellen Sie den Tortenring entsprechend größer ein. Sie benötigen dafür die doppelte Menge der Zutaten.

# Madeleines-Pfirsich-Torte 14 Stücke

**PRO STÜCK:** E: 4 g, F: 18 g, Kh: 41 g, kJ: 1414, kcal: 347, BE: 3,5
**ZUBEREITUNGSZEIT:** 35 Minuten **KÜHLZEIT:** 4 ½ Stunden

## FÜR DEN RAND UND DEN BODEN:

**450 g** Madeleines Longues (französisches Gebäck)

**200 g** weiße Kuvertüre

**50 g** Schlagsahne (mind. 30 % Fett)

## FÜR DIE PFIRSICHCREME:

**5** reife Pfirsiche oder 10 abgetropfte Pfirsichhälften (aus der Dose)

**2 Pck.** Paradiescreme Vanille-Geschmack (Dessertpulver)

**200 g** Schlagsahne (mind. 30 % Fett)

**250 g** Joghurt (3,5 % Fett)

**1.** Für den Rand und den Boden 28–30 Madeleines so durchschneiden, dass eine Hälfte etwa 5 cm lang ist. Die Stücke für den Rand beiseitelegen. Restliche Madeleines mit den Händen fein zerbröseln. Von der Kuvertüre etwa 40 g mit einem Messer oder Sparschäler in Spänen abhobeln und zum Garnieren beiseitestellen.

**2.** Die restliche Kuvertüre in Stücke hacken. Die Sahne in einen Topf geben und unter Rühren aufkochen lassen. Den Topf von der Kochstelle nehmen.

**3.** Die Kuvertürestücke zu der heißen Sahne geben und unter Rühren darin auflösen. Die Madeleines-Brösel zu der Kuvertürensahne geben. Die Zutaten gut vermischen.

**4.** Einen Tortenring (Ø 26 cm) auf eine mit Backpapier belegte Tortenplatte stellen.

**5.** Die Kuvertüre-Brösel-Masse in den Tortenring geben und mit einem feuchten Löffel fest zu einem Boden andrücken. Die vorbereiteten Madeleines-Hälften mit der Schnittfläche nach unten und der Wölbung nach außen auf den Kuvertüre-Brösel-Boden an den Tortenringrand stellen. Den vorbereiteten Tortenboden und -rand in den Kühlschrank stellen.

**6.** In der Zwischenzeit für die Creme die frischen Pfirsiche kreuzweise einschneiden, mit kochendem Wasser übergießen und etwa 30 Sekunden darin liegen lassen. Die Pfirsiche mit kaltem Wasser abschrecken, enthäuten, vierteln und entkernen. Die Pfirsichhälften aus der Dose halbieren. 4 Pfirsichviertel pürieren.

**7.** Aus Dessertpulver, Sahne und Joghurt eine Creme nach Packungsanleitung, aber mit den hier angegebenen Zutaten, zubereiten. Pfirsichpüree unterrühren.

**8.** 4 Pfirsichviertel in Spalten schneiden und zum Garnieren beiseitelegen. Restliche Pfirsichviertel auf dem Tortenboden verteilen, dabei die Pfirsichcreme auf die Pfirsiche geben und glatt streichen. Die Torte mindestens 4 Stunden in den Kühlschrank stellen.

**9.** Zum Servieren den Tortenring lösen und entfernen. Die Torte mit den Kuvertürespänen und den beiseitegelegten Pfirsichspalten garnieren.

# Rhabarbertörtchen mit Amarettini 4 Stück

**PRO STÜCK:** E: 6 g, F: 30 g, Kh: 53 g, kJ: 2139, kcal: 510, BE: 4,5
**ZUBEREITUNGSZEIT:** 30 Minuten **KÜHLZEIT:** 1 Stunde

## FÜR DEN RHABARBERBELAG:

**250 g** vorbereitete Rhabarberstücke (frisch oder TK)

**40 g** Zucker
**50 ml** Grenadine Sirup

## FÜR DIE BÖDEN:

**70 g** Amarettini (ital. Mandelmakronen)

**60 g** Butter
**30 g** Semmelbrösel (ungewürzt)

## FÜR DIE RICOTTA-CREME:

**20 g** Puderzucker
**1 Pck.** Sahnesteif
**125 g** Schlagsahne (mind. 30 % Fett)

**100 g** Ricotta (ital. Frischkäse)

## ZUM GARNIEREN:

**etwa 40 g** weiße Schokolade

**1.** Frischen Rhabarber putzen, evtl. abziehen. Die Stangen abspülen, abtropfen lassen, in etwa 2 cm lange Stücke schneiden. Frische oder angetaute TK-Rhabarberstücke mit Zucker mischen, etwa 10 Minuten zum Saftziehen stehen lassen.

**2.** Für die Böden die Amarettini in einen Gefrierbeutel geben. Den Beutel verschließen. Die Amarettini mit einer Teigrolle fein zerbröseln. Butter zerlassen, mit Semmel- und Amarettinibröseln in einer Schüssel mischen.

**3.** Einen runden Ausstecher (Ø etwa 10 cm) auf eine mit Backpapier belegte Platte stellen. Ein Viertel der Brösel-masse darin gleichmäßig verteilen und mit einem Löffel zu einem Boden andrücken. Den Ausstecher vorsichtig hoch-ziehen. Aus den restlichen Bröseln auf die gleiche Weise 3 weitere Böden herstellen und in den Kühlschrank stellen.

**4.** Den Rhabarber mit dem Saft aufkochen, etwa 1 Minute kochen lassen, bis er weich, jedoch noch nicht ganz zer-fallen ist. Rhabarberstücke in einem Sieb abtropfen lassen, dabei den Saft auffangen. Saft mit Sirup mischen, in einen Topf geben. Den Saft etwa 5 Minuten auf 1–2 Esslöffel einkochen lassen. Rhabarberstücke dazugeben, vorsichtig unterheben und die Masse erkalten lassen.

**5.** Für die Ricotta-Creme Puderzucker und Sahnesteif mi-schen. Sahne steif schlagen, dabei die Mischung einrieseln lassen. Ricotta kurz durchrühren, die Schlagsahne unter-heben. Die Creme gleichmäßig auf die 4 Böden verteilen, leicht glatt streichen. Kalte Rhabarbermasse darauf verteilen.

**6.** Zum Garnieren von der Schokolade mit einem Spar-schäler Locken abschälen und auf die Törtchen streuen.

so cremig ...

# Orangen-Ingwer-Torte 16 Stücke

**PRO STÜCK:** E: 7 g, F: 14 g, Kh: 23 g, kJ: 1065, kcal: 255, BE: 2,0
**ZUBEREITUNGSZEIT:** 45 Minuten **KÜHLZEIT:** 4 ½ Stunden

## FÜR DEN KNUSPERBODEN:

**150 g** Zartbitter-Kuvertüre
**2 EL** Speiseöl, z.B. Sonnenblumenöl
**80 g** knusprige Weizen-Honig-Pops

## FÜR DIE ORANGEN-INGWER-CREME:

**3** Bio-Orangen (unbehandelt, ungewachst)
**100 g** kandierter Ingwer
**500 g** Magerquark
**7 Blatt** weiße Gelatine
**60 g** Zucker
**250 g** Schmand (Sauerrahm)
**250 g** Schlagsahne (mind. 30 % Fett)

## ZUM GARNIEREN:

**50 g** Zartbitter-Kuvertüre

**1.** Für den Knusperboden die Kuvertüre in grobe Stücke hacken und mit dem Speiseöl in einem kleinen Topf im Wasserbad bei schwacher Hitze unter Rühren schmelzen. Die Weizen-Honig-Pops unter die warme Kuvertüre rühren.

**2.** Einen Tortenring (Ø 26 cm) auf eine mit Backpapier belegte Tortenplatte stellen. Die Knuspermasse in den Tortenring geben und mit einem Löffel fest zu einem Boden andrücken. Den Boden in den Kühlschrank stellen.

**3.** Für die Orangen-Ingwer-Creme die Orangen heiß abspülen und abtrocknen. Von 2 Orangen die Schale fein abreiben. Die beiden Orangen anschließend so schälen, dass die weiße Haut vollständig entfernt wird. Die Fruchtfilets herausschneiden und zugedeckt in den Kühlschrank stellen. Die restliche Orange halbieren und den Saft auspressen. Den kandierten Ingwer grob hacken.

**4.** Den Quark mit der Orangenschale und den Ingwerstückchen in einer Schüssel verrühren. Die Gelatine nach Packungsanleitung einweichen. Gelatine ausdrücken und mit dem Orangensaft und Zucker in einem kleinen Topf bei schwacher Hitze unter Rühren auflösen.

**5.** Die Gelatinemasse zunächst mit etwa 4 Esslöffeln von dem Orangenquark verrühren, dann unter den restlichen Orangenquark rühren. Den Schmand unterheben. Den Orangenquark in den Kühlschrank stellen.

**6.** Sobald der Orangenquark anfängt zu gelieren, die Sahne steif schlagen und unterheben. Die Creme auf den Tortenboden geben und glatt streichen. Die Torte mindestens 4 Stunden in den Kühlschrank stellen.

**7.** Zum Garnieren Kuvertüre mit einem Sparschäler in Spänen abhobeln. Tortenring lösen und entfernen. Die Torte mit den vorbereiteten Orangenfilets belegen und mit den Kuvertürespänen bestreuen.

Knusperglück

# Pflaumen-Knusper-Torte 12 Stücke

**PRO STÜCK:** E: 6 g, F: 12 g, Kh: 27 g, kJ: 1043, kcal: 249, BE: 2,0
**ZUBEREITUNGSZEIT:** 50 Minuten **KÜHLZEIT:** 2 ½ Stunden

## FÜR DEN BODEN:

**100 g** Butter
**70 g** Amarettini
(ital. Mandelmakronen)
**100 g** Löffelbiskuits

## FÜR DEN BELAG:

**400 g** reife Pflaumen
**6 Blatt** weiße Gelatine
**300 g** Joghurt (3,5 % Fett)
**25 g** Zucker
**300 g** Schlagsahne
(mind. 30 % Fett)

## ZUM GARNIEREN:

**3–4** Pflaumen
**1–2 EL** Vitalis Knuspermüsli

**1.** Einen Tortenring (Ø 26 cm) auf eine mit Backpapier belegte Tortenplatte stellen.

**2.** Für den Boden Amarettini und Löffelbiskuits in einen Gefrierbeutel füllen, den Beutel fest verschließen und das Gebäck mit einer Teigrolle fein zerbröseln. Butter in einem Topf zerlassen. Die Brösel in eine Schüssel geben und mit der Butter mischen. Die Masse in den Tortenring geben und mit einem Löffel gleichmäßig zu einem Boden andrücken. Boden in den Kühlschrank stellen.

**3.** Für den Belag Pflaumen abspülen, trocken tupfen, entsteinen und in kleine Würfel schneiden. Gelatine nach Packungsanleitung in kaltem Wasser einweichen. Joghurt und Zucker in einer Schüssel verrühren. Gelatine ausdrücken und in einem kleinen Topf bei schwacher Hitze unter Rühren auflösen. 4 Esslöffel der Joghurtmasse unter die Gelatine rühren, dann die Gelatinemasse unter den restlichen Joghurt rühren. Masse in den Kühlschrank stellen.

**4.** Sobald die Joghurtmasse beginnt zu gelieren, Sahne steif schlagen und unterheben. Ein Drittel der Joghurt-Creme abnehmen und beiseitestellen. Unter die restlichen zwei Drittel der Joghurtcreme die Pflaumenwürfel heben, in den Tortenring füllen und glatt streichen. Beiseitegestellte Joghurtcreme daraufgeben, verstreichen und mit einem Tortengarnierkamm ein Muster in die Oberfläche ziehen. Die Torte mindestens 2 Stunden in den Kühlschrank stellen.

**5.** Zum Servieren den Tortenring lösen und entfernen. Pflaumen abspülen, trocken tupfen, entsteinen, in Spalten schneiden und mit dem Müsli dekorativ auf der Tortenoberfläche verteilen.

**Tipps:** Die Torte kann gut am Vortag zubereitet werden. Sie schmeckt auch lecker mit Heidelbeeren.

sahnig und verlockend

# Bionade-Torte 12 Stücke

**PRO STÜCK:** E: 6 g, F: 18 g, Kh: 40 g, kJ: 1463, kcal: 349, BE: 3,5
**ZUBEREITUNGSZEIT:** 45 Minuten **KÜHLZEIT:** 5 Stunden

## FÜR DEN BODEN:

**50 g** Butter
**100 g** Zartbitter-Kuvertüre
**225 g** Früchtemüsli (40 % Frucht-anteil, ohne Zuckerzusatz)

## FÜR DEN BELAG:

**460 g** abgetropfte Birnenhälften (aus der Dose)

**7 Blatt** weiße Gelatine
**500 g** Buttermilch
**90 g** Zucker
**1 Pck.** Dr. Oetker Bourbon-Vanille-Zucker

**50 ml** Birnensaft (aus der Dose)
**400 g** Schlagsahne (mind. 30 % Fett)

## FÜR DEN GUSS:

**5 Blatt** weiße Gelatine
**330 ml** Bionade-Holunder
abgeriebene Schale von
**1** Bio-Zitrone oder -Limette (unbehandelt, ungewachst)

**2 EL** Zitronen- oder Limettensaft
**1 Prise** gem. Zimt
**50 ml** Birnensaft (aus der Dose)
**40 g** Zucker

**1.** Für den Teig Butter in einem kleinen Topf zerlassen. Kuvertüre in kleine Stücke hacken und in der Butter unter Rühren schmelzen. Müsli in eine Rührschüssel geben und mit der Butterkuvertüre gut verrühren.

**2.** Einen Tortenring (Ø 26 cm) auf eine mit Backpapier belegte Tortenplatte stellen. Die Müslimischung darin gleichmäßig zu einem Boden andrücken. Den Boden in den Kühlschrank stellen.

**3.** Für den Belag die Birnenhälften in einem Sieb abtrop-fen lassen, dabei den Saft auffangen und 100 ml abmes-sen. Gelatine in kaltem Wasser nach Packungsanleitung einweichen. Buttermilch mit Zucker und Vanille-Zucker in einer Rührschüssel verrühren. 50 ml vom Birnensaft in einem kleinen Topf erhitzen. Gelatine ausdrücken, in dem Saft unter Rühren auflösen und unter die Buttermilchmasse rühren. Die Masse in den Kühlschrank stellen.

**4.** Sobald die Masse anfängt zu gelieren, Sahne steif schlagen und unterheben. Den Belag auf den Müsliboden geben und glatt streichen.

**5.** Die Birnenhälften mit der Wölbung nach unten auf der Buttermilch-Sahne-Creme verteilen und leicht eindrücken. Die Torte etwa 3 Stunden in den Kühlschrank stellen.

**6.** Für den Guss Gelatine in kaltem Wasser nach Pa-ckungsanleitung einweichen. Bionade mit Zitronen- oder Limettenschale, -saft und Zimt in einer Rührschüssel verrühren. Restlichen abgemessenen Birnensaft in einem kleinen Topf erhitzen. Gelatine ausdrücken, in dem Saft unter Rühren auflösen, Zucker unterrühren. Gelatinemi-schung unter die Bionadeflüssigkeit rühren. Die Flüssigkeit vorsichtig auf die Birnenoberfläche gießen. Die Torte noch-mals 1–2 Stunden in den Kühlschrank stellen, Guss fest werden lassen. Tortenring lösen und entfernen.

Fruchtig

# Buttermilch-Apfel-Torte 12 Stücke

**PRO STÜCK:** E: 7 g, F: 20 g, Kh: 51 g, kJ: 1743, kcal: 415, BE: 4,0
**ZUBEREITUNGSZEIT:** 60 Minuten **KÜHLZEIT:** 5 Stunden

### FÜR DEN BODEN:
**250 g** weiße Schokolade
**3 EL** Speiseöl, z. B. Sonnenblumenöl
**300 g** Vitalis Joghurt-Müsli

### FÜR DAS APFELGELEE:
**1** Bio-Zitrone (unbehandelt, ungewachst – etwa 100 g)
**1** Apfel (etwa 200 g)
**300 ml** Apfelsaft
**100 g** Extra Gelierzucker (2:1)
**3** Sternanis

### FÜR DIE CREME:
**7 Blatt** weiße Gelatine
**80 g** flüssiger Honig
**500 g** Buttermilch (zimmerwarm)
**300 g** Schlagsahne (mind. 30 % Fett)

### ZUM GARNIEREN:
**evtl. etwas** Apfelsaft
**3 Blatt** weiße Gelatine
**1** Apfel (200 g)
**2–3 EL** Zitronensaft

**1.** Für den Boden Schokolade in kleine Stücke brechen. Zwei Drittel davon mit dem Speiseöl in einem kleinen Topf im Wasserbad bei schwacher Hitze unter Rühren schmelzen. Den Topf aus dem Wasserbad nehmen. Restliche Schokolade darin unter Rühren schmelzen. Müsli hinzugeben und gut unterrühren. Von der Masse mit einem Teelöffel 12 Häufchen auf Backpapier setzen und trocknen lassen.

**2.** Inzwischen einen Tortenring (Ø 26 cm) auf eine mit Backpapier belegte Tortenplatte stellen. Die restliche Schoko-Müsli-Masse in den Tortenring geben und mit einem Esslöffel gleichmäßig zu einem Boden andrücken. Den Boden in den Kühlschrank stellen.

**3.** Für das Apfelgelee in der Zwischenzeit die Zitrone heiß abwaschen und abtrocknen. Die Hälfte der Schale fein abreiben und für die Creme beiseitestellen. Von der anderen Zitronenhälfte mit einem Sparschäler die Schale abschälen und beiseitestellen. Zitrone halbieren, den Saft auspressen und ebenfalls beiseitestellen.

**4.** Den Apfel schälen, vierteln und entkernen. Apfelviertel in kleine Stücke schneiden. Apfelstücke mit Apfelsaft, Gelierzucker, Sternanis, Zitronensaft und -schale in einem kleinen Topf zugedeckt 8–10 Minuten leicht kochen lassen. Sternanis aus der Masse nehmen. Die Apfelmasse durch ein Sieb passieren.

**5.** Für die Creme Gelatine nach Packungsanleitung einweichen. Gelatine leicht ausdrücken, in einem kleinen Topf mit 4 Esslöffeln von der Apfelmasse und dem Honig unter Rühren bei schwacher Hitze auflösen. Die Buttermilch mit der abgeriebenen Zitronenschale und der Gelatinemasse in einer Schüssel gut verrühren.

**6.** Sobald die Buttermilch-Masse anfängt zu gelieren, die Sahne steif schlagen und unterheben. Die Creme auf

dem Boden verstreichen. Die Torte etwa 2 Stunden in den Kühlschrank stellen.

**7.** Zum Garnieren 300 g von der Apfelmasse abwiegen (evtl. mit Apfelsaft aufgießen). Gelatine nach Packungsanleitung einweichen. 3–4 Esslöffel von der Apfelmasse in einem kleinen Topf erhitzen. Gelatine leicht ausdrücken und unter Rühren darin auflösen. Den Topf von der Kochstelle nehmen. Restliche Apfelmasse unterrühren.

**8.** Das Apfel-Gelatine-Gelee mit einem Löffel gleichmäßig auf der Torte verteilen. Die Torte nochmals 2–3 Stunden in den Kühlschrank stellen.

**9.** Tortenring lösen und entfernen. Die Torte mit den Müslihäufchen garnieren. Apfel heiß abwaschen, abtrocknen, vierteln, entkernen, in dünne Scheiben schneiden, mit Zitronensaft bestreichen und auf die Torte legen.

# Apfeltorte mit Sesam-Krokant 12 Stücke

**PRO STÜCK:** E: 3 g, F: 15 g, Kh: 22 g, kJ: 982, kcal: 235, BE: 2,0
**ZUBEREITUNGSZEIT:** 35 Minuten **KÜHLZEIT:** 3 ½ Stunden

## FÜR DEN BODEN:

**50 g** Sesam-Krokant (erhältlich in Asia-Läden oder Spezialitäten-Abteilungen in Supermärkten)
**70 g** Löffelbiskuits
**100 g** Butter

## FÜR DEN BELAG:

**6 Blatt** weiße Gelatine
**100 g** Schlagsahne (mind. 30 % Fett)

**600 g** Apfelkompott (aus dem Glas)
**150 g** saure Sahne
**30 g** Puderzucker
**1 TL** Dr. Oetker Bourbon-Vanille-Zucker

## ZUM VERZIEREN:

**100 g** Apfelkompott (aus dem Glas)
**100 g** Schlagsahne (mind. 30 % Fett)

**50 g** Sesam-Krokant

**1.** Für den Boden Sesam-Krokant in Stücke brechen, in einen Gefrierbeutel geben. Den Beutel verschließen. Krokant mit einer Teigrolle fein zerbröseln. Löffelbiskuits in Stücke brechen und auf die gleiche Weise in einem Gefrierbeutel fein zerbröseln. Butter zerlassen, Löffelbiskuit- und Sesambrösel dazugeben und untermischen.

**2.** Einen Tortenring (Ø 26 cm) auf eine mit Backpapier belegte Tortenplatte stellen. Die Bröselmasse darin gleichmäßig mit einem Löffel zu einem flachen Boden andrücken. Den Tortenboden in den Kühlschrank stellen.

**3.** Für den Belag die Gelatine in kaltem Wasser nach Packungsanleitung einweichen. Schlagsahne steif schlagen. Die Gelatine leicht ausdrücken und in einem kleinen Topf bei schwacher Hitze unter Rühren auflösen. Die Gelatine zuerst mit etwa 4 Esslöffeln vom Apfelkompott verrühren, dann unter das restliche Apfelkompott rühren.

**4.** Saure Sahne mit Puderzucker und Vanille-Zucker verrühren und unter die Apfelkompott-Gelatine-Mischung rühren. Die Schlagsahne unterheben. Den Apfelbelag auf den Tortenboden geben und verstreichen. Die Torte mindestens 3 Stunden in den Kühlschrank stellen.

**5.** Zum Verzieren das Apfelkompott in einem feinen Sieb abtropfen lassen. Sahne nicht ganz steif schlagen. Den Tortenring lösen und entfernen. Mithilfe von zwei Teelöffeln 12 dicke Sahnetupfen gleichmäßig auf dem Rand der Tortenoberfläche verteilen. In jeden Tupfen eine Mulde drücken und mit etwas vom Apfelkompott füllen.

**6.** Die Hälfte des Krokants in 12 Stücke brechen und die Tortenstücke damit garnieren. Restlichen Krokant wie unter Punkt 1 beschrieben zerbröseln und auf die Torte streuen.

homemade

# Bananen-Aprikosen-Torte 12 Stücke

**PRO STÜCK:** E: 4 g, F: 13 g, Kh: 23 g, kJ: 940, kcal: 225, BE: 2,0
**ZUBEREITUNGSZEIT:** 40 Minuten **KÜHLZEIT:** 3 ½ Stunden

## FÜR DEN BODEN:

**100 g** Cornflakes
**50 g** geröstete gesalzene Erdnusskerne
**75 g** Kokosfett
**40 g** brauner Zucker
**20 g** Kakaopulver

## FÜR DEN BELAG:

**460 g** abgetropfte Aprikosenhälften (aus der Dose)
**4 EL** Aprikosensaft (aus der Dose)
**2** reife Bananen (340 g)
**100 g** Soja-Joghurt
**20 g** brauner Zucker
**1–2 EL** Zitronensaft
**4 gestr. TL** Johannisbrotkernmehl (Reformhaus oder Bio-Laden)
**200 ml** Sojacreme zum Aufschlagen

## ZUM GARNIEREN:

**6** abgetropfte Aprikosenhälften (aus der Dose)
**1–2 EL** geröstete gesalzene Erdnusskerne

**1.** Für den Boden die Cornflakes in einen Gefrierbeutel geben. Den Beutel verschließen. Die Cornflakes mit einer Teigrolle leicht zerbröseln. Die Erdnusskerne im Blitzhacker fein hacken. Das Kokosfett zerlassen. Brösel, Zucker, gehackte Nüsse und Kakao vermischen. Das Kokosfett hinzugeben und untermischen.

**2.** Einen Tortenring (Ø 26 cm) auf eine mit Backpapier belegte Tortenplatte stellen. Die Bröselmasse darin verteilen und mit einem Löffel gleichmäßig zu einem Boden andrücken. Den Tortenboden in den Kühlschrank stellen.

**3.** Für den Belag die Aprikosen in einem Sieb abtropfen lassen, dabei den Saft auffangen und 4 Esslöffel Saft abmessen. 6 Aprikosenhälften zum Garnieren beiseitelegen. Restliche Aprikosen in Stücke schneiden.

**4.** Bananen schälen und in Stücke schneiden. Die Bananen- und Aprikosenstücke mit dem abgemessenen Saft pürieren. Soja-Joghurt und Zucker unterrühren. Das Frucht-Joghurt-Püree mit Zitronensaft abschmecken.

**5.** Johannisbrotkernmehl unter das Püree rühren. Sojacreme mit einem Mixer (Rührstäbe) aufschlagen und ebenfalls unter das Püree rühren. Die Creme auf dem Tortenboden verstreichen. Die Torte mindestens 3 Stunden in den Kühlschrank stellen.

**6.** Den Tortenring lösen und entfernen. Beiseitegelegte Aprikosenhälften längs durchschneiden und auf den Tortenrand legen. Die Erdnusskerne fein hacken und auf die Aprikosenstücke streuen.

vegane Köstlichkeit

# Zitronen-Knusper-Torte 16 Stücke

**PRO STÜCK:** E: 4 g, F: 21 g, Kh: 21 g, kJ: 1220, kcal: 292, BE: 1,5
**ZUBEREITUNGSZEIT:** 40 Minuten **KÜHLZEIT:** 4 Stunden

## FÜR DEN BODEN:

**150 g** weiße Kuvertüre
**2 EL** Speiseöl, z. B. Sonnenblumenöl
**80 g** knusprige Weizen-Honig-Pops

## FÜR DIE ZITRONENCREME:

**1** Bio-Zitrone (unbehandelt, ungewachst)

**6 Blatt** weiße Gelatine
**300 g** Doppelrahm-Frischkäse (zimmerwarm)

**50 g** Puderzucker
**3 EL** flüssiger Honig
**350 g** Schmand (Sauerrahm)
**300 g** Schlagsahne (mind. 30 %)

## FÜR DEN GUSS:

**1–2** Bio-Zitronen (unbehandelt, ungewachst)

**½ Beutel aus 1 Pck.** Götterspeise Zitronen-Geschmack

**200 ml** Wasser
**50 g** Zucker

**1.** Für den Boden Kuvertüre in grobe Stücke hacken und mit dem Speiseöl in einem kleinen Topf im Wasserbad bei schwacher Hitze unter Rühren schmelzen. Den Topf von der Kochstelle nehmen. Die Weizen-Honig-Pops unter die warme Kuvertüre rühren.

**2.** Einen Tortenring (Ø 26 cm) auf eine mit Backpapier belegte Tortenplatte stellen. Die Kuvertüre-Honig-Pops-Masse darin verteilen und mit einem Löffel gleichmäßig zu einem Boden andrücken. Den Tortenboden in den Kühlschrank stellen.

**3.** Für die Zitronencreme die Zitrone heiß abspülen und abtrocknen. Die Schale fein abreiben. Die Zitrone halbieren und den Saft auspressen.

**4.** Die Gelatine nach Packungsanleitung einweichen. Frischkäse mit Puderzucker, Honig, Zitronenschale und -saft in einer Rührschüssel glatt rühren. Die Gelatine leicht ausdrücken und in einem kleinen Topf bei schwacher Hitze unter Rühren auflösen. Die aufgelöste Gelatine zunächst mit etwa 4 Esslöffeln der Frischkäsemasse verrühren, dann unter die restliche Frischkäsemasse rühren. Schmand unterheben. Die Sahne steif schlagen und ebenfalls unterheben.

**5.** Die Zitronencreme auf den Tortenboden geben und glatt streichen. Die Zitronen-Knusper-Torte etwa 30 Minuten in den Kühlschrank stellen.

**6.** Für den Guss die Zitronen in dünne Scheiben schneiden, evtl. Kerne vorsichtig entfernen. Aus Götterspeisepulver und dem Wasser eine Götterspeise nach Packungsanleitung zubereiten. Die Götterspeise auf Zimmertemperatur abkühlen lassen. Zitronenscheiben auf der Torte verteilen, die Götterspeise vorsichtig daraufgeben. Die Torte etwa 3 Stunden in den Kühlschrank stellen.

**7.** Zum Servieren den Tortenring lösen und entfernen.

einfach zu machen

# Stachelbeertorte mit kernigem Krokant 12 Stücke

**PRO STÜCK:** E: 10 g, F: 17 g, Kh: 31 g, kJ: 1342, kcal: 321, BE: 2,5
**ZUBEREITUNGSZEIT:** 45 Minuten  **KÜHLZEIT:** 4 ½ Stunden

## FÜR DEN BODEN:
**40 g** Sonnenblumenkerne
**130 g** Löffelbiskuits
**100 g** Butter

## FÜR DIE CREME:
**6 Blatt** weiße Gelatine
**250 g** Schlagsahne
(mind. 30 % Fett)

**500 g** Magerquark
**70 g** Zucker
**1 Pck.** Dr. Oetker Bourbon-Vanille-Zucker

## FÜR DEN BELAG:
**390 g** abgetropfte Stachelbeeren
(aus dem Glas)

**125 ml** Stachelbeersaft
(aus dem Glas)

**125 ml** Orangensaft
**1 Pck.** gezuckerter Tortenguss, klar

## ZUM GARNIEREN:
**1** Bio-Orange (unbehandelt, ungewachst)

**30 g** Sonnenblumenkerne
**40 g** Zucker
**10 g** Butter

**1.** Für den Boden Sonnenblumenkerne in einer Pfanne ohne Fett unter Rühren goldbraun rösten und auf einen Teller geben. Die Löffelbiskuits in Stücke brechen und in einen Gefrierbeutel geben. Den Beutel verschließen. Die Löffelbiskuits mit einer Teigrolle fein zerbröseln.

**2.** Die Sonnenblumenkerne in einem Blitzhacker fein hacken. Butter zerlassen, mit Biskuitbröseln und gehackten Sonnenblumenkernen verrühren.

**3.** Einen Tortenring (Ø 26 cm) auf eine mit Backpapier belegte Tortenplatte stellen. Die Bröselmasse darin verteilen und mit einem Löffel gleichmäßig zu einem Boden andrücken. Den Tortenboden in den Kühlschrank stellen.

**4.** Für die Creme die Gelatine in kaltem Wasser nach Packungsanleitung einweichen. Sahne steif schlagen. Quark mit Zucker und Vanille-Zucker verrühren. Die Gelatine leicht ausdrücken und in einem kleinen Topf bei schwacher Hitze unter Rühren auflösen. 3 Esslöffel der Quarkmasse unter die Gelatine rühren, dann die restliche Quarkmasse unterrühren. Die Quarkcreme auf dem Tortenboden verstreichen. Die Torte mindestens 3 Stunden in den Kühlschrank stellen.

**5.** Für den Belag die Stachelbeeren in einem Sieb abtropfen lassen, dabei den Saft auffangen und 125 ml Saft abmessen. Stachelbeeren auf der Creme verteilen. Aus Stachelbeersaft, Orangensaft und Tortengusspulver nach Packungsanleitung einen Guss zubereiten. Den Guss esslöffelweise von innen nach außen auf den Stachelbeeren verteilen. Die Torte nochmals 1 Stunde in den Kühlschrank stellen.

**6.** Zum Garnieren die Orange heiß abwaschen und abtrocknen. Etwa die Hälfte der Orange mit einem Sparschäler sehr dünn schälen. Schale in feine Streifen schneiden.

**7.** Die Sonnenblumenkerne in einer Pfanne ohne Fett unter Rühren goldbraun rösten und auf einen Teller geben. Zucker in der Pfanne hellbraun karamellisieren. Sonnenblumenkerne und Butter unterrühren. Die Pfanne von der Kochstelle nehmen.

**8.** Einen Bogen Backpapier auf ein großes Schneidebrett legen. Die heiße Karamellmasse mit einem Esslöffel darauf verteilen und sofort mit etwas Orangenschale bestreuen. Krokant fest werden lassen.

**9.** Tortenring lösen und entfernen. Torte in 12 Stücke schneiden. Krokant kurz vor dem Servieren in Stücke brechen und auf den Tortenstücken verteilen.

**Tipps:** Die Torte schmeckt frisch am besten. Bleibt etwas übrig, nehmen Sie den Krokant herunter, da er sich ansonsten innerhalb weniger Stunden auflöst.

# Walnuss-Orangen-Torte 12 Stücke

**PRO STÜCK:** E: 7 g, F: 33 g, Kh: 25 g, kJ: 1799, kcal: 430, BE: 2,0
**ZUBEREITUNGSZEIT:** 45 Minuten **KÜHLZEIT:** 3 Stunden

## FÜR DEN BODEN:

**150 g** Walnusskerne
**150 g** Butter-Vollkornkekse
**90 g** Butter

## FÜR DEN KROKANT:

**40 g** Zucker
**1 Messerstich** Butter (etwa 10 g)

## FÜR DIE FÜLLUNG:

**3–4** Orangen
**4 Blatt** weiße Gelatine
**200 g** Doppelrahm-Frischkäse
**30 g** Zucker
**50 ml** Orangensaft (von den Orangen)

## FÜR DEN BELAG:

**4 Blatt** weiße Gelatine
**400 g** Schlagsahne (mind. 30 % Fett)
**50 g** Puderzucker
**50 ml** Orangensaft (von den Orangen)

## ZUM GARNIEREN:

**1** Bio-Orange (unbehandelt, ungewachst)
**evtl. 12** Walnusskernhälften

**1.** Für den Boden die Walnusskerne in kleine Stücke hacken. 50 g davon abnehmen und in eine Rührschüssel geben. Vollkornkekse in einen Gefrierbeutel geben. Den Beutel verschließen. Die Kekse mit einer Teigrolle fein zerbröseln, ebenfalls in die Rührschüssel geben. Butter zerlassen, mit der Bröselmischung gut verrühren.

**2.** Einen Tortenring (Ø 26 cm) auf eine mit Backpapier belegte Tortenplatte stellen. Die Bröselmasse darin verteilen und gleichmäßig mit einem Löffel zu einem Boden und zu einem etwa 1 cm hohen Rand andrücken. Tortenboden in den Kühlschrank stellen.

**3.** Für den Krokant Butter mit Zucker in einer Pfanne so lange erhitzen, bis die Masse leicht gebräunt und der Zucker gelöst ist. Restliche gehackte Walnusskerne (100 g) hinzufügen und unter Rühren erhitzen, bis der Krokant genügend gebräunt ist. Die Krokantmasse auf eine Platte (mit Backpapier belegt) geben und erkalten lassen.

**4.** Für die Füllung Orangen so schälen, dass die weiße Haut vollständig entfernt wird. Orangen filetieren, den Saft dabei auffangen. Orangenfilets in Stücke schneiden, in ein Sieb geben und den Saft auffangen. Den Saft aus den Filetierresten ebenfalls auspressen. Von dem Orangensaft insgesamt 100 ml abmessen. Gelatine in kaltem Wasser nach Packungsanleitung einweichen. Frischkäse mit Zucker und 50 ml vom Orangensaft verrühren.

**5.** Eingeweichte Gelatine leicht ausdrücken und in einem kleinen Topf unter Rühren bei schwacher Hitze auflösen. Gelatine mit etwa 2 Esslöffeln von der Frischkäsemasse verrühren, dann unter die restliche Frischkäsemasse rühren. Die Orangenfiletstücke unterheben. Die Orangen-Frischkäse-Masse auf dem Bröselboden verstreichen. Die Torte etwa 30 Minuten in den Kühlschrank stellen.

Nuss trifft Frucht

**6.** Krokant zerkleinern. Knapp die Hälfte davon auf die Frischkäsemasse streuen. Für den Belag Gelatine in kaltem Wasser nach Packungsanleitung einweichen. Die Sahne mit Puderzucker steif schlagen. Eingeweichte Gelatine leicht ausdrücken und in einem kleinen Topf unter Rühren bei schwacher Hitze auflösen. Gelatine mit 50 ml Orangensaft verrühren und unter die Sahne heben. Restliches Krokant unterheben. Die Sahnemasse auf die Krokantschicht geben und kuppelartig darauf verstreichen. Die Torte etwa 2 Stunden in den Kühlschrank stellen.

**7.** Zum Garnieren Orange heiß abwaschen und abtrocknen. Orange in Scheiben schneiden. Orangenscheiben vierteln. Tortenoberfläche mit den Orangenvierteln und nach Belieben mit Walnusskernhälften garnieren. Tortenring lösen und entfernen.

# Cappuccino-Oblaten-Torte 12 Stücke

**PRO STÜCK:** E: 4 g, F: 17 g, Kh: 18 g, kJ: 1023, kcal: 245, BE: 1,5
**ZUBEREITUNGSZEIT:** 30 Minuten **KÜHLZEIT:** 2 ½ Stunden

### FÜR DIE CREME:

**8 Blatt** weiße Gelatine

**400 ml** Cappuccino-Getränk
(aus dem Kühlregal)

**400 g** Schlagsahne
(mind. 30 % Fett)

### AUSSERDEM:

**1 Pck.** Karlsbader Oblaten, hell
(mit Butter und Mandeln, 125 g,
5 Stück)
**1 Pck.** Karlsbader Oblaten, dunkel
(mit Kakaocreme, 150 g, 4 Stück)

### ZUM BESTÄUBEN:

Kakaopulver

### NACH BELIEBEN:

**1** Karlsbader Oblate, hell

**1.** Für die Creme Gelatine in kaltem Wasser nach Packungsanleitung einweichen. Eingeweichte Gelatine leicht ausdrücken und in einem kleinen Topf unter Rühren bei schwacher Hitze auflösen. Nach und nach das Cappuccino-Getränk unterrühren, in den Kühlschrank stellen.

**2.** Sobald die Flüssigkeit zu gelieren beginnt, die Sahne steif schlagen und unterheben.

**3.** Eine helle Oblate auf eine Tortenplatte legen, mit etwas Creme bestreichen, mit einer dunklen Oblate belegen und leicht andrücken. Etwas Creme daraufstreichen, dann wieder eine helle Oblate auflegen, mit Creme bestreichen und mit einer dunklen Oblate belegen. Auf diese Weise die Oblaten aufeinanderschichten.

**4.** Die Tortenoberfläche dekorativ mit der restlichen Creme bestreichen. Die Torte bis zum Servieren etwa 2 Stunden in den Kühlschrank stellen.

**5.** Vor dem Servieren nach Belieben eine Oblate zerbrechen, dekorativ auf der Tortenoberfläche verteilen und mit etwas Kakao bestäuben.

**Tipps:** Das Cappuccino-Getränk kann auch durch Latte Macchiato, Irish Coffee oder Ähnliches ausgetauscht werden. Mithilfe von Instant-Eiskaffeepulver und Milch kann man das Getränk selbst zubereiten. Die Torte schmeckt frisch am besten.

# Passionsfrucht Cheesecake 8 Stücke

**PRO STÜCK:** E: 5 g, F: 16 g, Kh: 30 g, kJ: 1183, kcal: 284, BE: 2,5
**ZUBEREITUNGSZEIT:** 35 Minuten **KÜHLZEIT:** 4 ½ Stunden

## FÜR DEN BODEN:

**100 g** weiße Schokolade
**2 EL** Speiseöl, z. B. Sonnenblumenöl
**180 g** Knuspermüsli mit Nüssen

## FÜR DIE CREME:

**6 Blatt** weiße Gelatine
**100 ml** Passionsfruchtsaft
**180 g** Doppelrahm-Frischkäse
**120 g** Zucker
**3** Passionsfrüchte (etwa 140 g)
**2 EL** Aprikosenkonfitüre
**150 g** Joghurt (3,5 % Fett)
**200 g** Schlagsahne
(mind. 30 % Fett)

**1.** Für den Boden Schokolade in Stücke brechen, mit dem Speiseöl in einem kleinen Topf im Wasserbad bei schwacher Hitze unter Rühren schmelzen. Knuspermüsli in einen Gefrierbeutel geben. Den Beutel fest verschließen. Knuspermüsli mit einer Teigrolle grob zerbröseln und in eine Rührschüssel geben. Die geschmolzene Schokolade hinzugeben und gut verrühren.

**2.** Einen Tortenring (Ø etwa 20 cm) auf eine mit Backpapier belegte Tortenplatte stellen. Die Bröselmasse darin mit einem Esslöffel gleichmäßig zu einem Boden andrücken und mindestens 10 Minuten in den Kühlschrank stellen.

**3.** Für die Creme die Gelatine nach Packungsanleitung in kaltem Wasser einweichen. Passionsfruchtsaft in einem kleinen Topf zum Kochen bringen. Den Topf von der Kochstelle nehmen. 5 Blatt Gelatine leicht ausdrücken und in dem heißen Saft unter Rühren auflösen.

**4.** Frischkäse und Zucker in einer Rührschüssel glatt rühren. Den Gelatinesaft zunächst mit 3 Esslöffeln der Frischkäsemasse verrühren, dann unter die restliche Frischkäsemasse rühren, beiseitestellen.

**5.** Passionsfrüchte halbieren und das Fruchtfleisch aus den Schalen lösen. Konfitüre in einem kleinen Topf kurz aufkochen. Den Topf von der Kochstelle nehmen. Restliches eingeweichtes Blatt Gelatine leicht ausdrücken und in der heißen Konfitüre unter Rühren auflösen, Passionsfruchtfleisch unterrühren.

**6.** Joghurt mit einem Schneebesen unter die beiseitegestellte Frischkäsemasse rühren. Wenn die Joghurt-Frischkäse-Masse anfängt zu gelieren, Sahne steif schlagen und unterheben.

auch dessertgeeignet

**7.** Die Frischkäsecreme auf den Bröselboden geben und glatt streichen. Passionsfruchtmasse mit einem Teelöffel in Klecksen auf der Frischkäsecreme verteilen und mit einem Löffelstiel etwas marmorieren. Cheesecake mindestens 4 Stunden in den Kühlschrank stellen.

**8.** Zum Servieren Tortenring lösen und entfernen. Cheesecake in Stücke schneiden.

# Rhabarbertorte mit Rosenwasser 12 Stücke

**PRO STÜCK:** E: 5 g, F: 23 g, Kh: 32 g, kJ: 1488, kcal: 355, BE: 2,5
**ZUBEREITUNGSZEIT:** 50 Minuten  **KÜHLZEIT:** 4 Stunden

**750 g** Rhabarber (vorbereitet gewogen, frisch oder TK)

**160 g** Zucker

### FÜR DEN BODEN:

**125 g** Schweineöhrchen (Blätterteiggebäck)

**50 g** weiße Schokolade
**40 g** gehackte Mandeln
**70 g** Butter

### FÜR DIE RHABARBERCREME:

**10 Blatt** weiße Gelatine
**50 g** brauner Zucker
**1 Pck.** Sahnesteif
**300 g** Schlagsahne (mind. 30 % Fett)

**150 g** Sahnejoghurt (10 % Fett)
**2–3 TL** Rosenwasser (aus der Apotheke oder türkischen Geschäften)

### ZUM GARNIEREN:

**12** halbe Schweineöhrchen (Blätterteiggebäck, etwa 80 g)

**15 g** gehackte Pistazienkerne

**1.** Frischen Rhabarber putzen, evtl. abziehen. Die Stangen abspülen, abtropfen lassen und in etwa 2 cm lange Stücke schneiden. Frische oder angetaute TK-Rhabarberstücke mit Zucker mischen und etwa 10 Minuten zum Saftziehen stehen lassen.

**2.** Inzwischen für den Boden die Schweineöhrchen in feine Streifen schneiden. Schokolade hacken und mit den Blätterteigstreifen in eine Schüssel geben. Die Mandeln in einer Pfanne ohne Fett unter Rühren goldbraun anrösten. Butter dazugeben und zerlassen. Die Mandel-Butter mit der gehackten Schokolade und den Blätterteigstreifen in der Schüssel gut vermischen.

**3.** Einen Tortenring (Ø 26 cm) auf eine mit Backpapier belegte Tortenplatte stellen. Die Blätterteigmasse darin verteilen und mit einem Löffel gleichmäßig zu einem Boden andrücken. Den Tortenboden in den Kühlschrank stellen.

**4.** Für die Rhabarbercreme die Gelatine nach Packungsanleitung einweichen. Die Rhabarberstücke mit dem Saft in einem Topf zum Kochen bringen, 1–2 Minuten bei schwacher Hitze kochen lassen, bis sie zerfallen. Den Topf von der Kochstelle nehmen. Die Gelatine leicht ausdrücken und im heißen Rhabarber unter Rühren auflösen.

**5.** Rhabarber abkühlen lassen und in den Kühlschrank stellen. Zucker und Sahnesteif mischen. Sobald der Rhabarber zu gelieren beginnt, die Sahne steif schlagen, dabei die Zucker-Sahnesteif-Mischung einrieseln lassen.

**6.** Nacheinander Joghurt und Sahne unter die Rhabarbermasse heben und mit Rosenwasser abschmecken. Die Rhabarbercreme auf dem Tortenboden verstreichen. Torte mindestens 3 Stunden in den Kühlschrank stellen.

## Traum in Rosa

**7.** Zum Garnieren den Tortenring lösen und entfernen. Jeweils ein halbes Schweineöhrchen auf ein Tortenstück stecken. Die Pistazienkerne auf die Torte streuen.

# Schnelle Frischkäsetorte 12 Stücke

**PRO STÜCK:** E: 5 g, F: 28 g, Kh: 24 g, kJ: 1542, kcal: 369, BE: 2,0
**ZUBEREITUNGSZEIT:** 30 Minuten **KÜHLZEIT:** 3 ½ Stunden

## FÜR DEN TORTENBODEN:

**180 g** Löffelbiskuits
**120 g** Butter

## FÜR DIE FÜLLUNG:

**1 Beutel aus 1 Pck.** Götterspeise
Zitronen-Geschmack

**200 ml** Wasser
**200 g** Doppelrahm-Frischkäse
**125 g** Zucker
**1 Pck.** Dr. Oetker Vanillin-Zucker
**2 EL** Zitronensaft
**500 g** Schlagsahne
(mind. 30 % Fett)

**1.** Für den Boden Löffelbiskuits in einen Gefrierbeutel geben. Den Beutel verschließen. Löffelbiskuits mit einer Teigrolle fein zerbröseln. 30 g der Brösel zum Garnieren beiseitelegen. Butter zerlassen, zu den Biskuitbröseln geben und gut verrühren.

**2.** Einen Tortenring (Ø 26 cm) auf eine mit Backpapier oder Tortenspitze belegte Tortenplatte stellen. Die Bröselmasse darin verteilen und mit einem Löffel gleichmäßig zu einem Boden andrücken. Boden in den Kühlschrank stellen.

**3.** Für die Füllung die Götterspeise mit 200 ml Wasser, aber ohne Zucker nach Packungsanleitung zubereiten, etwas abkühlen lassen.

**4.** Frischkäse mit Zucker, Vanillin-Zucker und Zitronensaft mit einem Schneebesen verrühren. Die lauwarme Götterspeise unterrühren, in den Kühlschrank stellen.

**5.** Sahne steif schlagen. Wenn die Masse anfängt zu gelieren, die Sahne unterheben. Die Frischkäsecreme auf dem Bröselboden verteilen und wellenartig verstreichen. Die Torte **etwa 3 Stunden in den Kühlschrank stellen.**

**6.** Zum Servieren die beiseitegelegten Biskuitbrösel dekorativ auf die Tortenoberfläche streuen. Den Tortenring lösen und entfernen.

**Tipp:** Für andere Geschmacksrichtungen können Sie statt Götterspeise Zitronen-Geschmack auch Götterspeise Himbeer- oder Waldmeister-Geschmack verwenden.

**Abwandlung:** Kinder-Glibber-Torte. Für eine Kindertorte 1 Beutel aus 1 Päckchen Götterspeise Zitronen-, Himbeer- oder Waldmeister-Geschmack nach Packungsanleitung zubereiten, etwas abkühlen lassen, auf die erstarrte Frischkäsemasse gießen und fest werden lassen. Die Torte mit Gummibärchen garnieren.

# Pfirsich-Knusper-Torte 14 Stücke

**PRO STÜCK:** E: 4 g, F: 19 g, Kh: 33 g, kJ: 1351, kcal: 323, BE: 3,0
**ZUBEREITUNGSZEIT:** 40 Minuten **KÜHLZEIT:** 2 ½ Stunden

## FÜR DEN CRUNCH-BODEN:

**200 g** Vitalis Knusper Müsli
**50 g** Butter
**100 g** weiße Schokolade
**1 Pck.** Dr. Oetker Finesse Orangenschalen-Aroma

## FÜR DEN BELAG:

**1 Pck.** gem. Gelatine, weiß
**2–3 EL** kaltes Wasser
**200 g** Schlagsahne (mind. 30 % Fett)
**300 g** Joghurt (3,5 % Fett)
**250 g** Crème fraîche
**1 Pck.** Dr. Oetker Finesse Orangenschalen-Aroma
**100 g** Zucker

## ZUM VERZIEREN UND GARNIEREN:

**80 g** abgetropfte Pfirsichhälften (aus der Dose)
**2 Pck.** Paradiescreme Vanille-Geschmack (Dessertpulver)

## AUSSERDEM:

**2–3 gestr. EL** Vitalis Knusper Müsli

**1.** Für den Boden Müsli in einen Gefrierbeutel geben. Den Beutel fest verschließen. Das Müsli mit einer Teigrolle fein zerbröseln und in eine Rührschüssel geben.

**2.** Die Butter in einem kleinen Topf zerlassen. Den Topf von der Kochstelle nehmen. Die Schokolade in Stücke brechen, zur Butter geben und unter Rühren schmelzen. Die Müslibrösel und das Aroma unter die Schokoladen-Butter-Mischung rühren.

**3.** Einen Tortenring (Ø 26 cm) auf eine mit Backpapier belegte Tortenplatte stellen. Die Brösel-Schoko-Masse hineingeben und mit einem Löffel gleichmäßig zu einem Boden andrücken. Den Boden in den Kühlschrank stellen.

**4.** Für den Belag Gelatine mit Wasser nach Packungsanleitung in einem kleinen Topf anrühren und quellen lassen. Die Sahne steif schlagen. Joghurt mit Crème fraîche, Aroma und Zucker verrühren. Die gequollene Gelatine im Topf unter Rühren bei schwacher Hitze auflösen.

**5.** Die aufgelöste Gelatine zuerst mit etwa 4 Esslöffeln von der Joghurtmasse verrühren, dann unter die restliche Joghurtmasse rühren. Die Sahne vorsichtig unterheben. Die Joghurt-Sahne-Creme auf dem Crunch-Boden verstreichen. Die Torte in den Kühlschrank stellen.

**6.** Zum Verzieren und Garnieren von den Pfirsichhälften 1 Pfirsichhälfte beiseitelegen. Restliche Pfirsichhälften grob zerkleinern und in einem Rührbecher pürieren. Das Pfirsichpüree mit dem Dessertpulver mit einem Mixer (Rührstäbe) etwa 3 Minuten auf höchster Stufe aufschlagen.

**7.** Zwei Drittel der Pfirsichcreme in einen Spritzbeutel mit Lochtülle (Ø 11 mm) füllen und dicke wellenförmige Linien auf die Tortenoberfläche spritzen. Die Torte und die restliche Pfirsichcreme zugedeckt etwa 1 Stunde in den Kühlschrank stellen.

**8.** Den Tortenring vorsichtig lösen und entfernen. Die beiseitegelegte Pfirsichhälfte in dünne Spalten schneiden. Die Pfirsichcreme in einen Spritzbeutel mit Loch- oder Sterntülle füllen und Tuffs auf die Tortenoberfläche spritzen. Die Torte mit den Pfirsichspalten und etwas Müsli garnieren.

**Tipps:** Falls Sie keinen Spritzbeutel haben, können Sie die Pfirsichcreme auch in einen Gefrierbeutel geben, diesen verschließen und eine etwa 1 cm breite Ecke abschneiden. Oder Sie können den Fruchtbelag einfach mit einem Löffel grob auf der Tortenoberfläche verstreichen und die Torte nach Belieben verzieren.

# Cashew Cheesecake 16 Stücke

**PRO STÜCK:** E: 5 g, F: 24 g, Kh: 16 g, kJ: 1271, kcal: 305, BE: 1,5
**ZUBEREITUNGSZEIT:** 40 Minuten **KÜHLZEIT:** 1 ½ Stunden

## ZUM VORBEREITEN:

**150 g** Cashewkerne

## FÜR DEN SPEKULATIUS-NUSS-BODEN:

**100 g** Spekulatius
**100 g** Butter
**20 g** Zucker

## FÜR DEN BELAG:

**6 Blatt** weiße Gelatine
**1** Bio-Orange (unbehandelt, ungewachst)
**400 g** Doppelrahm-Frischkäse (zimmerwarm)
**400 g** Schmand (Sauerrahm)
**100 g** Puderzucker
**3 EL** Orangensaft (von der Bio-Orange)
**2 EL** Zitronensaft

**1.** Zum Vorbereiten Cashewkerne in einer Pfanne ohne Fett unter Rühren leicht rösten, herausnehmen und auf einen Teller geben. 3 Esslöffel der Cashewkerne zum Garnieren beiseitelegen. Restliche Cashewkerne fein hacken.

**2.** Für den Boden Spekulatius in einen Gefrierbeutel geben. Den Beutel fest verschließen. Spekulatius mit einer Teigrolle fein zerbröseln und in eine Rührschüssel geben. Butter in einem kleinen Topf zerlassen, mit dem Zucker und den gehackten Cashewkernen zu den Bröseln in die Rührschüssel geben und gut verrühren.

**3.** Einen Tortenring (Ø 26 cm) auf eine mit Backpapier belegte Tortenplatte stellen. Die Bröselmasse darin mit einem Löffel gleichmäßig zu einem Boden andrücken. Den Boden mindestens 10 Minuten in den Kühlschrank stellen.

**4.** Für den Belag Gelatine nach Packungsanleitung einweichen. Orange heiß abwaschen, abtrocknen und halbieren. Von einer Orangenhälfte die Schale fein abreiben, von der anderen Hälfte die Schale mit einem Sparschäler oder einem Zestenreißer abschälen und zum Garnieren beiseitelegen. Den Saft auspressen.

**5.** Frischkäse mit Schmand, Puderzucker, fein geriebener Orangenschale, Orangen- und Zitronensaft in einer Rührschüssel mit einem Mixer (Rührstäbe) kurz auf mittlerer Stufe glatt rühren.

**6.** Eingeweichte Gelatine leicht ausdrücken, in einem kleinen Topf bei schwacher Hitze unter Rühren auflösen. Gelatine zuerst mit 3–4 Esslöffeln der Creme verrühren, dann unter die restliche Creme rühren.

**7.** Die Creme auf den Spekulatius-Nuss-Boden geben und in leichten Wellen verstreichen. Cheesecake etwa 1 Stunde in den Kühlschrank stellen.

**sündiger Genuss**

**8.** Zum Servieren den Tortenring lösen und entfernen. Cheesecake mit den beiseitegelegten Cashewkernen und der beiseitegelegten Orangenschale bestreuen.

**Tipp:** Wenn Sie keine Spekulatius bekommen, verwenden Sie einen einfachen Butter- oder Gewürzkeks.

# Haferkeks-Früchte-Torte 12 Stücke

**PRO STÜCK:** E: 7 g, F: 24 g, Kh: 28 g, kJ: 1519, kcal: 363, BE: 2,5
**ZUBEREITUNGSZEIT:** 45 Minuten **KÜHLZEIT:** 3 ½ Stunden

## FÜR DIE FÜLLUNG:

**200 g** Erdbeeren
**3** Nektarinen
**5 EL** Orangenlikör
**50 g** Puderzucker
**1 EL** Zitronensaft
**2 geh. EL** Zitronenmelisseblättchen

## FÜR DEN RAND UND DEN BODEN:

**100 g** Haferkekse (Taler)
**125 g** Schokomüsli
**80 g** Butter

## FÜR DEN BELAG:

**6 Blatt** weiße Gelatine
**250 g** Mascarpone (ital. Frischkäse)
**250 g** Speisequark (20 % Fett)
**25 g** Zucker
**150 g** Joghurt (3,5 % Fett)
**100 ml** Fruchtsaft von den vorbereiteten Früchten

## ZUM VERZIEREN UND GARNIEREN:

**200 g** Schlagsahne (mind. 30 % Fett)

**1 Pck.** Sahnesteif

**einige** vorbereitete Zitronenmelisseblättchen

1. Für die Füllung die Erdbeeren putzen, abspülen, gut abtropfen lassen und entstielen. 2–3 Erdbeeren beiseitelegen. Nektarinen abspülen, abtrocknen, halbieren und entsteinen. 1 Nektarinenhälfte beiseitelegen. Die Schnittfläche mit Zitronensaft beträufeln. Die Erdbeeren und Nektarinenhälften in kleine Stücke schneiden.

2. Orangenlikör mit Puderzucker verrühren. Zitronensaft und Zitronenmelisse unterrühren. Die Fruchtstücke untermischen und etwa 30 Minuten durchziehen lassen. Für den Tortenrand 50 g der Haferkekse (6–7 Stück) halbieren und beiseitelegen.

3. Für den Boden die restlichen Haferkekse in einen Gefrierbeutel geben. Den Beutel verschließen. Haferkekse mit einer Teigrolle fein zerbröseln. Die Keksbrösel mit dem Müsli in einer Schüssel vermischen. Butter zerlassen, zu der Brösel-Müsli-Mischung geben und gut verrühren.

4. Einen Tortenring (Ø 26 cm) auf eine mit Backpapier belegte Tortenplatte stellen. Die Bröselmasse darin mit einem Löffel gleichmäßig zu einem Boden andrücken. Die beiseitegelegten Haferkekshälften so an den Springformrand stellen, dass die runde Seite nach außen zeigt und die Schnittflächen auf dem Boden stehen. Die Kekshälften etwas in den Bröselboden drücken. Den Tortenboden in den Kühlschrank stellen.

5. Für den Belag die Gelatine nach Packungsanleitung in kaltem Wasser einweichen. Die Fruchtstücke in ein Sieb geben, dabei den Saft auffangen und 100 ml abmessen. Mascarpone mit Quark, Zucker und Joghurt in einer Schüssel verrühren, den aufgefangenen Saft unterrühren.

6. Eingeweichte Gelatine leicht ausdrücken und in einem kleinen Topf unter Rühren bei schwacher Hitze auflösen. Etwa 3 Esslöffel der Mascarponemasse mit der Gelatine

verrühren, dann mit der restlichen Mascarponemasse verrühren. Die Masse in den Kühlschrank stellen.

**7.** Wenn die Mascarpone-Quark-Masse anfängt zu gelieren, die abgetropften Fruchtstücke unterheben. Die Masse
auf den Bröselboden geben und glatt streichen. Die Torte
2–3 Stunden in den Kühlschrank stellen.

**8.** Sahne mit Sahnesteif steif schlagen und in einen
Spritzbeutel mit Sterntülle (Ø etwa 7 mm) füllen. Beiseitegelegte Erdbeeren vierteln. Nektarinenhälfte in schmale
Spalten schneiden. Die Tortenoberfläche mit der Sahne
verzieren, mit Erdbeerstücken, Nektarinenspalten und Zitronenmelisse garnieren. Tortenring lösen und entfernen.

# Mangotorte mit Puffreis 12 Stücke

**PRO STÜCK:** E: 3 g, F: 11 g, Kh: 20 g, kJ: 815, kcal: 195, BE: 1,5
**ZUBEREITUNGSZEIT:** 35 Minuten **KÜHLZEIT:** 3 ½ Stunden

## FÜR DEN BODEN:

**70 g** Vollmilch-Schokolade
**20 g** Butter
**60 g** gepuffter Reis mit Honig (aus dem Bio-Laden oder Drogeriemarkt)

## FÜR DIE MANGOCREME:

**5 Blatt** weiße Gelatine
**2** reife Mangos (etwa 850 g)
**150 g** saure Sahne
**250 g** Schlagsahne (mind. 30 % Fett)
**40 g** Zucker

## ZUM GARNIEREN

**1** reife Mango (etwa 450 g)

## NACH BELIEBEN:

evtl. gehackte Pistazienkerne

**1.** Für den Boden die Schokolade hacken. Butter und Schokolade in einem Topf im Wasserbad bei schwacher Hitze unter Rühren schmelzen. Die Mischung mit dem gepufften Reis in einer Schüssel vermischen.

**2.** Einen Tortenring (Ø 26 cm) auf eine mit Backpapier belegte Tortenplatte stellen. Die Schoko-Reis-Masse darin verteilen und gleichmäßig mit einem Löffel zu einem Boden andrücken. Boden in den Kühlschrank stellen.

**3.** Für die Mangocreme die Gelatine nach Packungsanleitung in kaltem Wasser einweichen. Das Mangofruchtfleisch vom Stein schneiden. Das Fruchtfleisch mit einem Löffel aus der Schale lösen oder schälen. 450 g Fruchtfleisch abwiegen, in Stücke schneiden und pürieren.

**4.** Die Gelatine leicht ausdrücken und in einem kleinen Topf bei schwacher Hitze unter Rühren auflösen. Die aufgelöste Gelatine zuerst mit etwa 4 Esslöffeln vom Mangopüree verrühren, dann unter das restliche Püree rühren. Saure Sahne ebenfalls unterrühren. Die Mangomasse in den Kühlschrank stellen.

**5.** Sobald die Mangomasse zu gelieren beginnt, Sahne mit Zucker steif schlagen und unterheben. Die Mangocreme auf dem Tortenboden verstreichen. Die Torte mindestens 3 Stunden in den Kühlschrank stellen.

**6.** Zum Garnieren das Mangofruchtfleisch vom Stein schneiden. Das Fruchtfleisch mit einem großen Löffel aus der Schale lösen oder schälen. Mangofruchtfleisch der Länge nach in dünne Streifen schneiden.

**7.** Die Mangostreifen zu 12 Blüten zusammenlegen und auf die Torte legen. Nach Belieben zusätzlich einige gehackte Pistazienkerne auf die Torte streuen. Tortenring lösen und entfernen.

# Exotiktraum

**Tipp:** Wenn die Torte transportiert werden soll, die Blüten bereits nach 30 Minuten Kühlzeit auf die Tortenstücke
setzen. So haften sie besser in der Creme.

# Cheesecake BLACK5 8 kleine Stücke

**PRO STÜCK:** E: 11 g, F: 54 g, Kh: 42 g, kJ: 1267, kcal: 686, BE: 3,0
**ZUBEREITUNGSZEIT:** 40 Minuten **KÜHLZEIT:** 5 ½ Stunden

## FÜR DEN BODEN:
**40 g** Butter
**300 g** BLACK5 (Griesson)

## FÜR DIE CREME:
**400 g** Doppelrahm-Frischkäse (zimmerwarm)

**150 g** Crème fraîche
**6 Blatt** weiße Gelatine
**50 g** Zucker
**400 g** Schlagsahne (mind. 30 % Fett)

## FÜR DIE CANACHE:
**80 ml** Milch (1,5 % Fett)
**120 g** Zartbitter-Kuvertüre

**1.** Einen Tortenring (Ø 22 cm) auf eine mit Backpapier belegte Tortenplatte stellen.

**2.** Für den Boden die Butter zerlassen. 8 Kekse halbieren und die weiße Creme mit einem Messer abschaben. Die Kekshälften zum Garnieren beiseitelegen.

**3.** Restliche Kekse in einen Gefrierbeutel geben. Den Beutel fest verschließen. Kekse mit einer Teigrolle fein zerbröseln und mit der abgeschabten Creme in eine Rührschüssel geben. Die Butter hinzugeben und gut unterrühren. Die Bröselmasse in den Tortenring geben und mit einem Löffel gleichmäßig zu einem Boden andrücken. Den Bröselboden mindestens 10 Minuten in den Kühlschrank stellen.

**4.** Für die Creme Frischkäse und Crème fraîche glatt rühren. Gelatine nach Packungsanleitung einweichen, leicht ausdrücken und in einem kleinen Topf mit Zucker und 3 Esslöffeln der Frischkäsemasse bei schwacher Hitze unter Rühren auflösen. Die warme Gelatinemasse mit einem Schneebesen unter die restliche Frischkäsemasse rühren. Sahne steif schlagen und unterheben.

**5.** Die Frischkäsecreme auf dem Bröselboden verteilen und mindestens 4 Stunden in den Kühlschrank stellen.

**6.** Für die Canache Milch in einem Topf zum Kochen bringen. Kuvertüre grob hacken und unter Rühren in der heißen Milch schmelzen. Canache abkühlen lassen und lauwarm auf der Frischkäsecreme verteilen. Cheesecake etwa 1 Stunde in den Kühlschrank stellen.

**7.** Zum Servieren den Tortenringrand lösen und entfernen. Die Hälfte der beiseitegelegten Kekshälften senkrecht in den Cheesecake stecken. Die restlichen acht Kekshälften an den Cheesecakerand drücken (kleben).

für liebe Gäste

# Café-frappé-Torte 12 Stücke

**PRO STÜCK:** E: 3 g, F: 26 g, Kh: 29 g, kJ: 1530, kcal: 366, BE: 2,5
**ZUBEREITUNGSZEIT:** 35 Minuten **KÜHLZEIT:** 2 ½ Stunden

## FÜR DEN TORTENBODEN:
**225 g** längliche Eiswaffeln
**125 g** Butter

## FÜR DEN BELAG:
**8 Blatt** weiße Gelatine
**140 g** Zucker
**12 g** lösliches Kaffeepulver
**400 ml** kochendes Wasser
**400 g** Schlagsahne
(mind. 30 % Fett)
**1 Pck.** Sahnesteif
**1 TL** Zucker

## ZUM GARNIEREN:
**125 g** Schlagsahne
(mind. 30 % Fett)
**1 Pck.** Sahnesteif

## EVTL. ZUM BESTREUEN:
**2 EL** schokolierte, grob gehackte Espressobohnen
**etwas** Kaffeepulver

**1.** Einen Tortenring (Ø 24 cm) auf eine mit Backpapier oder Tortenspitze belegte Tortenplatte stellen.

**2.** Für den Boden Eiswaffeln (5 Waffeln zum Garnieren beiseitelegen) in einem Blitzhacker zerbröseln und in eine Rührschüssel geben. Butter zerlassen, zu den Waffelbröseln geben und gut verrühren. Die Bröselmasse in den Tortenring geben und mit einem Löffel gleichmäßig zu einem Boden andrücken. Tortenboden in den Kühlschrank stellen.

**3.** Für den Belag Gelatine in kaltem Wasser nach Packungsanleitung einweichen. Zucker und Kaffeepulver in eine Rührschüssel geben. Kochendes Wasser hinzugießen und so lange rühren, bis Zucker und Kaffeepulver sich gelöst haben. Gelatine leicht ausdrücken und in der Kaffeeflüssigkeit unter Rühren auflösen, abkühlen lassen, dann in den Kühlschrank stellen.

**4.** Sahne mit Sahnesteif und Zucker steif schlagen. Wenn die Kaffeeflüssigkeit anfängt zu gelieren, ein Drittel der Sahne unterheben. Gut ein Drittel der Kaffeesahne auf den Waffelboden geben und glatt streichen. Restliche Sahne unter die restliche Kaffeesahne heben, ebenfalls vorsichtig in die Form auf die dunklere Kaffeesahne geben und leicht kuppelartig verstreichen. Die Torte mindestens 2 Stunden in den Kühlschrank stellen.

**5.** Zum Garnieren Sahne mit Sahnesteif steif schlagen. Die Tortenoberfläche damit verzieren. Den Tortenring lösen und entfernen. Beiseitegelegte Eiswaffeln evtl. halbieren und dekorativ auf die Torte legen. Nach Belieben mit gehackten Espressobohnen bestreuen und mit Kaffeepulver bestäuben.

**Tipps:** Statt lösliches Kaffeepulver 400 ml Espresso-Kaffee verwenden. Unter den Kaffee 2 Esslöffel Kaffee- oder Sahnelikör rühren.

# Kalter Hund mit Erdbeeren 24 Stücke

**PRO STÜCK:** E: 3 g, F: 20 g, Kh: 24 g, kJ: 1195, kcal: 285, BE: 2,0
**ZUBEREITUNGSZEIT:** 40 Minuten **KÜHLZEIT:** mindestens 5 Stunden

## ZUM VORBEREITEN:
**300 g** Butterkekse

## FÜR DIE ERDBEER-SCHOKOLADENCREME:
**250 g** Kokosfett
(100 % reines Kokosfett)
**500 g** Schogetten Joghurt-Erdbeer
**3 EL** Erdbeerkonfitüre

## ZUM GARNIEREN:
**4–6** frische Erdbeeren
**1 EL** Kakaopulver
**50 g** weiße Kuchenglasur

**1.** Zum Vorbereiten den Boden einer Kastenform (30 x 11 cm, mit Frischhaltefolie ausgelegt), mit Butterkeksen auslegen, dabei evtl. einige Butterkekse mit einem Sägemesser zurechtschneiden oder zerbrechen.

**2.** Für die Erdbeer-Schokoladencreme das Kokosfett in Stücke schneiden und in einem Topf im Wasserbad bei schwacher Hitze unter Rühren schmelzen. Den Topf aus dem Wasserbad nehmen. 400 g Schogetten zu dem heißen Kokosfett geben, unter Rühren darin auflösen. Erdbeerkonfitüre unterrühren. Restliche Schogetten fein hacken.

**3.** Von der Erdbeer-Schokoladencreme etwa 4 Esslöffel auf die Butterkekse in der Form geben und glatt streichen. Die Erdbeer-Schokoladencreme mit einigen gehackten Schogetten bestreuen und mit einer Schicht aus Butterkeksen belegen. An die längeren Seiten der Kastenform die Butterkekse dicht aneinander an den Rand stellen.

**4.** Abwechselnd die Erdbeer-Schokoladencreme, die gehackten Schogetten und die Butterkekse in die Kastenform schichten, bis die Zutaten aufgebraucht sind. Die letzte Schicht sollte aus Butterkeksen bestehen. Den Kalten Hund mindestens 5 Stunden (am besten über Nacht) in den Kühlschrank stellen.

**5.** Zum Garnieren den Kalten Hund vorsichtig aus der Form auf eine Kuchenplatte stürzen. Die Frischhaltefolie entfernen. Die Erdbeeren abspülen, gut abtropfen lassen, nicht entstielen, aber evtl. halbieren.

**6.** Den Kalten Hund mit dem Kakao bestäuben und mit den Erdbeeren garnieren. Die Kuchenglasur in einem kleinen Topf im Wasserbad nach Packungsanleitung schmelzen. Den Kalten Hund mit der Glasur beträufeln.

der Klassiker – mal fruchtig

# Milchkaffee-Torte 12 Stücke

**PRO STÜCK:** E: 3 g, F: 15 g, Kh: 27 g, kJ: 1067, kcal: 255, BE: 2,0
**ZUBEREITUNGSZEIT:** 45 Minuten **KÜHLZEIT:** 4 ½ Stunden

## FÜR DEN BODEN:
**200 g** Schoko-Puffreis-Quadrate

## FÜR DEN BELAG:
**480 g** abgetropfte Pfirsichhälften
(aus der Dose)

**2 Blatt** weiße Gelatine

**300 g** Schlagsahne
(mind. 30 % Fett)

**200 ml** Milch (3,5 % Fett)

**2 Pck.** Paradiescreme Milchkaffee-
Geschmack (Dessertpulver)

## ZUM BESTÄUBEN:
**1 EL** Kakaopulver

**1.** Einen Tortenring (Ø 26 cm) auf eine mit Backpapier belegte Tortenplatte stellen.

**2.** Für den Boden die Schoko-Puffreis-Quadrate in Stücke brechen und in einem kleinen Topf im Wasserbad bei schwacher Hitze unter Rühren schmelzen. Die Schoko-Puffreis-Masse in den Tortenring geben und mit einem Löffel fest zu einem Boden andrücken. Den Schoko-Puffreis-Boden in den Kühlschrank stellen.

**3.** Für den Belag die Pfirsichhälften in etwa 1 cm dicke Spalten schneiden.

**4.** Den Schoko-Puffreis-Boden mit den Pfirsichspalten belegen. Die Gelatine nach Packungsanleitung einweichen. Die Sahne mit der Milch verrühren. Aus der Sahne-Milch-Mischung und dem Dessertpulver eine Milchkaffee-Creme nach Packungsanleitung, aber mit den hier angegebenen Zutaten, zubereiten.

**5.** Die Gelatine leicht ausdrücken und in einem kleinen Topf bei schwacher Hitze unter Rühren auflösen. Die aufgelöste Gelatine zunächst mit etwa 2 Esslöffeln von der Milchkaffee-Creme verrühren, dann unter die restliche Milchkaffee-Creme rühren.

**6.** Die Milchkaffee-Creme auf die Pfirsichspalten in den Tortenring geben und glatt streichen. Mit einem Tortengarnierkamm oder einer Gabel ein Muster in die Milchkaffee-Creme ziehen. Die Milchkaffee-Torte mindestens 4 Stunden in den Kühlschrank stellen.

**7.** Tortenring vorsichtig lösen und entfernen. Die Milchkaffee-Torte mit Kakao bestäuben.

# Mangotorte mit Ingwer 16 Stücke

**PRO STÜCK:** E: 3 g, F: 24 g, Kh: 22 g, kJ: 1321, kcal: 316, BE: 2,0
**ZUBEREITUNGSZEIT:** 50 Minuten **KÜHLZEIT:** 2 ½ Stunden

## FÜR DEN BODEN:

**70 g** quadratische Mini-Florentiner
**75 g** Zwieback
**100 g** Butter
**50 g** Zartbitter-Schokolade

## FÜR DEN BELAG:

**1** reife Mango (etwa 470 g)
**50 g** kandierter Ingwer
**250 g** Mascarpone (ital. Frischkäse)
**60 g** Puderzucker
**1 Pck.** Sahnesteif
**350 g** Schlagsahne
(mind. 30 % Fett)
**50 g** Zartbitter-Raspelschokolade

## ZUM GARNIEREN:

**16** quadratische Mini-Florentiner
(je 3 x 3 cm, etwa 80 g)
**30 g** kandierter Ingwer
**20 g** Zartbitter-Raspelschokolade
**einige** Blättchen Zitronenmelisse

**1.** Einen Tortenring (Ø 26 cm) auf eine mit Backpapier belegte Tortenplatte stellen.

**2.** Für den Boden Florentiner in Stücke brechen, mit dem Zwieback in einen Gefrierbeutel geben. Den Beutel verschließen. Zwieback und Florentiner mit einer Teigrolle fein zerbröseln. Die Butter zerlassen. Schokolade hacken, unter die Butter rühren und schmelzen lassen.

**3.** Schokobutter und Bröselmasse in einer Schüssel mischen. Die Butter-Brösel-Masse in den Tortenring geben und mit einem Löffel gleichmäßig zu einem Boden andrücken. Tortenboden in den Kühlschrank stellen.

**4.** Für den Belag das Mangofruchtfleisch vom Stein schneiden. Mango schälen und das Fruchtfleisch in etwa 1 cm große Würfel schneiden (etwa 200 g Fruchtfleisch). Ingwer fein hacken.

**5.** Mascarpone und 30 g Puderzucker mit dem Mixer (Rührstäbe) zu einer Creme aufschlagen. Mangowürfel und Ingwer unterrühren. Die Creme auf den Tortenboden geben und verstreichen.

**6.** Restlichen Puderzucker und Sahnesteif mischen. Sahne steif schlagen, dabei die Mischung einrieseln lassen. Raspelschokolade unterheben. Dann die Mischung auf die Mangomasse streichen. Die Torte mindestens 2 Stunden in den Kühlschrank stellen.

**7.** Zum Garnieren den Tortenring lösen und entfernen. Je Tortenstück einen Mini-Florentiner mit der Schokoladenseite nach innen an die Tortenseite drücken. Ingwer in feine Streifen schneiden. Raspelschokolade auf die Tortenoberfäche streuen, Ingwerstreifen am Rand verteilen. Die Torte mit Zitronenmelisseblättchen garnieren.

exotischer Genuss

# Espresso-Torte 12 Stücke

**PRO STÜCK:** E: 10 g, F: 35 g, Kh: 28 g, kJ: 1988, kcal: 481, BE: 2,5
**ZUBEREITUNGSZEIT:** 50 Minuten **KÜHLZEIT:** 2 ½ Stunden

## FÜR DEN TORTENBODEN:

**200 g** einfache Karamellkekse oder dünne belgische Butterwaffeln

**100 g** Butter

## FÜR DIE ESPRESSO-CREME:

**6 Blatt** weiße Gelatine

**100 ml** Espresso-Kaffee oder starker Kaffee

**500 g** Ricotta (ital. Frischkäse)

**250 g** Speisequark (20 % Fett)

**100 g** Zucker

**1 Pck.** Dr. Oetker Bourbon-Vanille-Zucker

**40 g** schokolierte Vollmilch-Espresso-Bohnen

**250 g** Schlagsahne (mind. 30 % Fett)

## ZUM GARNIEREN:

**75 g** Zartbitter-Kuvertüre

**200 g** Schlagsahne (mind. 30 % Fett)

**30 g** schokolierte Zartbitter-Espresso-Bohnen

**etwas** Kakaopulver

**1.** Einen Tortenring (Ø 26 cm) auf eine mit Backpapier belegte Tortenplatte stellen.

**2.** Für den Boden Kekse oder Waffeln in Stücke brechen und in einen Gefrierbeutel geben. Den Beutel verschließen. Die Kekse oder Waffeln mit einer Teigrolle zerbröseln und in eine Rührschüssel geben. Butter zerlassen, zu den Bröseln geben und gut vermischen. Die Bröselmasse in dem Tortenring gleichmäßig verteilen und mit einem Löffel gut zu einem Boden andrücken. Tortenboden in den Kühlschrank stellen.

**3.** Für die Creme Gelatine in kaltem Wasser nach Packungsanleitung einweichen. Espresso oder starken Kaffee mit Ricotta, Quark, Zucker und Vanille-Zucker verrühren. Eingeweichte Gelatine leicht ausdrücken und in einem kleinen Topf unter Rühren bei schwacher Hitze auflösen. Gelatine mit etwa 4 Esslöffeln der Ricottamasse verrühren, dann unter die restliche Ricottamasse rühren. Masse in den Kühlschrank stellen.

**4.** Espresso-Bohnen grob hacken. Die Sahne steif schlagen. Sobald die Ricottamasse anfängt zu gelieren, Sahne mit den gehackten Espresso-Bohnen unterheben. Die Creme auf dem Bröselboden verstreichen. Die Torte mindestens 2 Stunden in den Kühlschrank stellen.

**5.** Zum Garnieren Kuvertüre in kleine Stücke hacken, in einem kleinen Topf im heißen Wasserbad bei schwacher Hitze unter Rühren schmelzen. Die Schüssel aus dem Wasserbad nehmen. Kuvertüre auf eine Platte oder ein Backblech gießen, dünn verstreichen und wieder fest werden lassen. Mit einem Spachtel breite Schokoladenlocken abschaben und kühl aufbewahren.

**6.** Tortenring lösen und entfernen. Sahne steif schlagen, auf die Torte streichen und mit einer Gabel ein Muster in

für Gäste

die Torte ziehen. Tortenstücke auf der Oberfläche markieren. Torte mindestens 20 Minuten in den Kühlschrank stellen.

**7.** Vor dem Servieren die markierten Stücke mit Espresso-Bohnen und den kühl gestellten Schokolocken garnieren. Torte mit Kakao bestäuben.

# White Chocolate Cheesecake 16 Stücke

**PRO STÜCK:** E: 5 g, F: 30 g, Kh: 25 g, kJ: 166, kcal: 388, BE: 2,0
**ZUBEREITUNGSZEIT:** 45 Minuten **KÜHLZEIT:** 5 ½ Stunden

## FÜR DEN BODEN:

**250 g** Amarettini
(ital. Mandelmakronen)

**125 g** Butter

## FÜR DIE FÜLLUNG:

**250 g** weiße Kuvertüre
**50 g** Kokosfett
(100 % reines Kokosfett)

**125 g** Crème fraîche
**600 g** Doppelrahm-Frischkäse
**1 Pck.** Dr. Oetker Finesse
Orangenschalen-Aroma

## ZUM GARNIEREN:

**50 g** weiße Kuvertüre

**1.** Einen Tortenring (Ø 24 cm) auf eine mit Backpapier belegte Tortenplatte stellen.

**2.** Für den Boden Amarettini in einen Gefrierbeutel geben. Den Beutel fest verschließen. Amarettini mit einer Teigrolle fein zerbröseln. 50 g von den Amarettinibröseln zum Garnieren beiseitelegen. Restliche Amarettinibrösel in eine Rührschüssel geben. Butter zerlassen, zu den Amarettinibröseln geben und gut verrühren. Die Masse in den Tortenring geben und mit einem Löffel gut zu einem Boden andrücken. Den Boden in den Kühlschrank stellen.

**3.** Für die Füllung Kuvertüre in Stücke hacken. Zwei Drittel davon mit dem Kokosfett in einem Topf im Wasserbad bei schwacher Hitze unter Rühren schmelzen. Den Topf aus dem Wasserbad nehmen. Restliche Kuvertüre darin unter Rühren schmelzen, Crème fraîche unterrühren.

**4.** Frischkäse in einer Rührschüssel mit Aroma verrühren. Die Kuvertüremasse mit einem Mixer (Rührstäbe) unter Rühren hinzugeben. Frischkäse-Kuvertüre-Masse auf höchster Stufe zu einer glatten Creme verrühren. Creme auf den Bröselboden in den Tortenring geben, glatt streichen. Cheesecake etwa 5 Stunden in den Kühlschrank stellen.

**5.** Zum Garnieren den Tortenring lösen und entfernen. Von der Kuvertüre mit einem Messer oder einem Sparschäler feine Streifen abschaben. Die Tortenoberfläche mit geschabter Kuvertüre garnieren, den Tortenrand mit den beiseitegestellten Amarettinibröseln bestreuen. Cheesecake in kleine Stücke schneiden.

**Tipps:** Dazu einen frischen Obstsalat servieren. Der Doppelrahm-Frischkäse kann auch durch Frischkäse mit Joghurt (13 % Fett) ersetzt werden.

verlockend cremig

# Schoko-Ananasquark-Torte 12 Stücke

**PRO STÜCK:** E: 10 g, F: 19 g, Kh: 47 g, kJ: 1678, kcal: 400, BE: 4,0
**ZUBEREITUNGSZEIT:** 25 Minuten **KÜHLZEIT:** 2 ½ Stunden

## FÜR DEN BODEN:

**150 g** Zartbitter-Schokolade
**25 g** Butter
**150 g** Schokoladen-Reis-Flakes

## FÜR DEN BELAG:

**12 Blatt** weiße Gelatine
**500 g** Magerquark
**150 g** Ananas-Joghurt (3,5 % Fett)
**100 g** Zucker
**1 Pck.** Dr. Oetker Vanillin-Zucker
abgeriebene Schale von
**1** Bio-Zitrone (unbehandelt, ungewachst)
**2 EL** Zitronensaft
**1 Dose** Ananasraspel
(Einwaage 430 g)
**200 g** Schlagsahne
(mind. 30 % Fett)

## ZUM VERZIEREN UND GARNIEREN:

**200 g** Schlagsahne
(mind. 30 % Fett)
**1 Pck.** Sahnesteif
**2–3 EL** Schokoladen-Reis-Flakes
**50 g** Zartbitter-Schokolade

**1.** Einen Tortenring (Ø 26 cm) auf eine mit Backpapier oder Tortenspitze belegte Tortenplatte stellen.

**2.** Für den Boden die Schokolade in Stücke brechen, mit der Butter in einem kleinen Topf im Wasserbad bei schwacher Hitze unter Rühren schmelzen. Die Schokoladen-Reis-Flakes im Blitzhacker fein zerbröseln und unter die Schokoladen-Butter-Mischung rühren. Die Masse in den Tortenring geben und mit einem Löffel gleichmäßig zu einem Boden andrücken. Tortenboden in den Kühlschrank stellen.

**3.** Für den Belag die Gelatine nach Packungsanleitung einweichen. Den Quark mit Joghurt, Zucker, Vanillin-Zucker, Zitronenschale und -saft gut verrühren. Die Ananasraspel mit dem Saft aus der Dose unterrühren. Die eingeweichte Gelatine leicht ausdrücken und in einem kleinen Topf bei schwacher Hitze unter Rühren auflösen. Die aufgelöste Gelatine zunächst mit etwa 3 Esslöffeln von der Quark-Ananas-Masse verrühren, dann unter die restliche Quark-Ananas-Masse rühren und in den Kühlschrank stellen.

**4.** Sobald die Masse anfängt zu gelieren, die Sahne steif schlagen und unterheben. Die Quark-Ananas-Creme auf den Schokoladen-Reis-Flakes-Boden geben und glatt streichen. Torte mindestens 2 Stunden in den Kühlschrank stellen.

**5.** Zum Verzieren und Garnieren Sahne mit Sahnesteif steif schlagen und in einen Spritzbeutel mit Sterntülle füllen. Die Tortenoberfläche mit Sahnetuffs verzieren und mit Schokoladen-Reis-Flakes bestreuen. Tortenring lösen und entfernen.

**6.** Schokolade wie unter Punkt 2 beschrieben schmelzen und in einen Gefrierbeutel füllen. Eine kleine Ecke abschneiden und die Tortenoberfläche mit der Schokolade besprenkeln. Die Torte in Stücke schneiden.

# so schön erfrischend

**Tipp:** Wenn sie keine Ananasraspel bekommen, können Sie Ananasstücke einfach sehr fein schneiden.

# Stracciatella-Torte 12 Stücke

**PRO STÜCK:** E: 4 g, F: 23 g, Kh: 23 g, kJ: 1348, kcal: 322, BE: 2,0
**ZUBEREITUNGSZEIT:** 25 Minuten **KÜHLZEIT:** 2 ½ Stunden

## FÜR DEN BODEN:
**150 g** Löffelbiskuits
**100 g** Butter

## FÜR DIE SCHOKOCREME:
**1 Pck.** Dessert-Sauce Schokoladen-Geschmack, ohne Kochen

**75 ml** Milch (3,5 % Fett)
**200 g** Vanillejoghurt (3,5 % Fett)

## FÜR DIE STRACCIATELLA-CREME:
**2 Pck.** Sahnesteif
**30 g** Zucker
**500 g** Schlagsahne
(mind. 30 % Fett)

**70 g** Zartbitter-Raspelschokolade

## ZUM BESTREUEN:
**10 g** Zartbitter-Raspelschokolade

**1.** Einen Tortenring (Ø 26 cm) auf eine mit Backpapier belegte Tortenplatte stellen.

**2.** Löffelbiskuits in einen Gefrierbeutel geben, den Beutel verschließen und die Löffelbiskuits mit einer Teigrolle fein zerbröseln. Brösel in eine Schüssel geben. Butter zerlassen und mit den Bröseln vermengen. Die Masse in den Torten-ring geben und mit einem Löffel zu einem Boden andrücken. Tortenboden in den Kühlschrank stellen.

**3.** Für die Schokocreme Dessert-Saucenpulver nach Packungsanleitung, aber nur mit 75 ml Milch und 200 g Joghurt, zubereiten. Die Masse kuppelartig in die Mitte des Tortenbodens geben, dabei rundherum einen etwa 2 cm breiten Rand frei lassen. Den Boden wieder in den Kühlschrank stellen.

**4.** Für die Stracciatella-Creme Sahnesteif und Zucker mi-schen. Sahne steif schlagen, dabei die Mischung einrieseln lassen. Raspelschokolade unterheben. Die Stracciatella-Creme vorsichtig in die Form auf die Schokocreme und den freigelassenen Rand geben. Die Creme glatt streichen. Die Torte etwa 2 Stunden in den Kühlschrank stellen.

**5.** Den Tortenring lösen und entfernen. Den Rand der Torte mit Raspelschokolade bestreuen. Die Torte in Stücke schneiden.

**Tipp:** Die Torte schmeckt fruchtig, wenn Sie je ½ Teelöf-fel Finesse Orangenschalen-Aroma unter die Schoko- und die Stracciatella-Creme rühren.

# Schoko-Malzbier-Torte 14 Stücke

**PRO STÜCK:** E: 3 g, F: 19 g, Kh: 34 g, kJ: 1354, kcal: 323, BE: 3,0
**ZUBEREITUNGSZEIT:** 40 Minuten **KÜHLZEIT:** 3 Stunden

## FÜR DEN BODEN:

**200 g** knusprige Gebäckröllchen
**50 g** Löffelbiskuits
**70 g** Butter

## ZUM BESTREICHEN:

**125 g** Schwarzkirsch-Konfitüre

## FÜR DIE FÜLLUNG:

**7 Blatt** weiße Gelatine
**150 g** Zartbitter-Kuvertüre
**330 ml** Malzbier, alkoholfrei
**40 g** Zucker
**11** abgetropfte Aprikosenhälften
(etwa 240 g, aus der Dose)
**300 g** Schlagsahne
(mind. 30 % Fett)
**1 Pck.** Sahnesteif

## FÜR DEN BELAG:

**40 g** Schwarzkirsch-Konfitüre

**1.** Einen Tortenring (Ø 26 cm) auf eine mit Backpapier belegte Tortenplatte stellen.

**2.** Für den Tortenrand 7 Gebäckröllchen halbieren und beiseitelegen. Die restlichen Röllchen und die Löffelbiskuits in Stücke brechen, in einen Blitzhacker geben und zu feinen Bröseln verarbeiten. Die Butter zerlassen, die Brösel dazugeben und gut untermischen. Die Masse in den Tortenring geben und mit einem Löffel zu einem Boden andrücken. Die halbierten Gebäckröllchen in gleichmäßigem Abstand, mit der Schnittseite nach unten, an den Rand des Tortenrings stellen und vorsichtig in den Bröselboden drücken. Den Boden etwa 20 Minuten in den Kühlschrank stellen.

**3.** Zum Bestreichen die Konfitüre in einem kleinen Topf unter Rühren aufkochen lassen, dann sofort auf dem Bröselboden verstreichen. Den Boden nochmals etwa 15 Minuten in den Kühlschrank stellen.

**4.** Für die Füllung Gelatine nach Packungsanleitung einweichen. Die Kuvertüre in Stücke hacken. Malzbier mit Zucker in einem Topf zum Kochen bringen. Den Topf von der Kochstelle nehmen, die Kuvertüre darin unter Rühren schmelzen. Gelatine leicht ausdrücken und unter Rühren in der Malzbier-Kuvertüre-Masse auflösen. Die Masse abkühlen lassen, dann in den Kühlschrank stellen. Dabei gelegentlich umrühren.

**5.** Sahne mit Sahnesteif steif schlagen. 2–3 Esslöffel Schlagsahne abnehmen, in einen Spritzbeutel mit Sterntülle (Ø etwa 7 mm) füllen und in den Kühlschrank legen. Restliche Schlagsahne in zwei Portionen unter die Malzbier-Kuvertüre-Masse heben. Die Malzbiercreme auf den Tortenboden geben und glatt streichen.

... dazu einen Espresso

**6.** Die Aprikosenhälften mit der Rundung nach unten auf der Tortenoberfläche gleichmäßig verteilen, dabei leicht in die Creme drücken.

**7.** Für den Belag die Konfitüre in einem kleinen Topf unter Rühren aufkochen lassen, dann sofort mithilfe eines Teelöffels in die Aprikosenhälften füllen. Die Torte mit der restlichen Sahne verzieren und mindestens 2 Stunden in den Kühlschrank stellen.

**8.** Zum Servieren den Tortenring lösen und entfernen. Torte in Stücke schneiden.

# Stachelbeer-Kuppeltorte mit Zimt-Flakes 12 Stücke

**PRO STÜCK:** E: 5 g, F: 24 g, Kh: 34 g, kJ: 1565, kcal: 374, BE: 3,0
**ZUBEREITUNGSZEIT:** 45 Minuten **KÜHLZEIT:** 4 Stunden

## FÜR DEN BODEN:

**30 g** gehobelte Mandeln
**80 g** Zimt-Flakes (Frühstücksflakes)
**30 g** Butter
**80 g** Nussnougat, schnittfest

## FÜR DEN BELAG:

**390 g** abgetropfte Stachelbeeren
(aus dem Glas)

**125 ml** Stachelbeersaft
(aus dem Glas)

**170 g** klassische Sahnetoffees
**8 Blatt** weiße Gelatine
**500 g** Schlagsahne
(mind. 30 % Fett)

**20 g** Puderzucker
**1 Pck.** Sahnesteif

## ZUM GARNIEREN:

**30 g** gehobelte Mandeln
**80 g** Nussnougat, schnittfest
**10 g** Butter

**1.** Einen Tortenring (Ø 22 cm) auf eine mit Backpapier belegte Tortenplatte stellen.

**2.** Für den Boden die Mandeln in einer Pfanne ohne Fett goldbraun rösten, auf einen Teller geben und erkalten lassen. Zimt-Flakes und Mandeln in einen Gefrierbeutel geben. Den Beutel verschließen. Zimt-Flakes und Mandeln mit einer Teigrolle fein zerbröseln. Butter in einem Topf zerlassen, von der Kochstelle nehmen. Nougat in kleine Stücke schneiden, unter die Butter rühren und schmelzen lassen. Nougatbutter und Bröselmasse in einer Schüssel mischen. Die Masse in den Tortenring geben und mit einem Löffel gleichmäßig zu einem Boden andrücken. Tortenboden in den Kühlschrank stellen.

**3.** Für den Belag die Stachelbeeren in einem Sieb abtropfen lassen. Dabei den Saft auffangen, 125 ml abmessen und in einem Topf geben. Den Saft erhitzen, Toffees hinzugeben und bei mittlerer Hitze unter Rühren darin schmelzen. Topf von der Kochstelle nehmen.

**4.** Die Gelatine nach Packungsanleitung einweichen. Gelatine ausdrücken und in der heißen Saft-Toffee-Masse auflösen. 100 g von der Sahne unterrühren. Die Masse abkühlen lassen, dann in den Kühlschrank stellen.

**5.** Puderzucker und Sahnesteif mischen. Sobald die Saft-Toffee-Masse zu gelieren beginnt, restliche Sahne steif schlagen, dabei die Puderzuckermischung einrieseln lassen.

**6.** Die Sahne unter die Saft-Toffee-Masse heben. 3–4 Esslöffel davon auf den Tortenboden streichen. Die gut abgetropften Stachelbeeren darauf verteilen, dabei rundherum einen etwa 2 cm breiten Rand frei lassen.

Beerentraum

**7.** Den Tortenring entfernen. Die restliche Creme auf die Stachelbeeren geben und zu einer Kuppel verstreichen. Torte mindestens 3 Stunden in den Kühlschrank stellen.

**8.** Zum Garnieren die Mandeln in einer Pfanne ohne Fett goldbraun rösten, auf einem Teller geben. Butter zerlassen. Nougat in Stücke schneiden, zur Butter geben und bei schwacher Hitze unter Rühren schmelzen.

**9.** Nougatmasse so in kleinen Portionen auf der Kuppel verstreichen, dass die ganze Kuppel mit der Nougatmasse bestrichen ist und sofort mit Mandeln bestreuen. Die Kuppeltorte mindestens 20 Minuten in den Kühlschrank stellen, bis der Nougat fest ist.

# Pfefferminz-Cheesecake 15 Stücke

**PRO STÜCK:** E: 3 g, F: 18 g, Kh: 25 g, kJ: 1161, kcal: 278, BE: 2,0
**ZUBEREITUNGSZEIT:** 35 Minuten **KÜHLZEIT:** 4 ½ Stunden

## FÜR DEN BODEN:

**60 g** weiße Schokolade
**2 EL** Speiseöl,
z. B. Sonnenblumenöl
**80 g** Butterkekse
**50 g** gefüllte Schokoladen-
Pfefferminz-Täfelchen

## FÜR DIE CREME:

**300 g** Doppelrahm-Frischkäse
(zimmerwarm)
**5 Tropfen** Pfefferminzöl (Apotheke)
**einige Tropfen** grüne Speisefarbe
**100 g** Zucker
**4 Blatt** weiße Gelatine
**350 g** Schlagsahne
(mind. 30 % Fett)

## ZUM GARNIEREN:

**125 g** gefüllte Schokoladen-
Pfefferminz-Täfelchen (15 Stück)
**2 EL** Knusper-Schokoladenkugeln
**einige** frische Minzeblättchen

**1.** Einen Tortenring (Ø 20 cm) auf eine mit Backpapier belegte Tortenplatte stellen.

**2.** Für den Boden Schokolade in Stücke brechen, mit Speiseöl in einem kleinen Topf im Wasserbad bei schwacher Hitze unter Rühren schmelzen. Butterkekse in einen Gefrierbeutel geben. Den Beutel fest verschließen. Die Kekse mit einer Teigrolle fein zerbröseln und in eine Rührschüssel geben. Schokoladen-Pfefferminz-Täfelchen in kleine Stücke schneiden, mit der geschmolzenen Schokolade zu den Keksbröseln geben und gut verrühren. Die Brösel-Schokoladen-Masse in den Tortenring geben und mit einem Löffel zu einem Boden andrücken. Tortenboden in den Kühlschrank stellen.

**3.** Für die Creme Frischkäse, Pfefferminzöl, Speisefarbe und Zucker glatt rühren. Gelatine nach Packungsanleitung einweichen und leicht ausdrücken. Gelatine in einem kleinen Topf mit 3 Esslöffeln der Frischkäsemasse bei schwacher Hitze unter Rühren auflösen. Die warme Gelatinemasse mit einem Schneebesen unter die restliche Frischkäsemasse rühren. Sahne steif schlagen und mit einem Schneebesen unter die Frischkäsemasse heben.

**4.** Die Frischkäsecreme auf dem Bröselboden verteilen und mindestens 4 Stunden in den Kühlschrank stellen.

**5.** Zum Garnieren den Tortenring lösen und entfernen. Schokoladen-Pfefferminz-Täfelchen dicht nebeneinander an den Rand drücken (kleben). Die Cheesecake-Oberfläche mit Knusper-Schokoladenkugeln bestreuen und mit abgespülten, trocken getupften Minzeblättchen garnieren.

**Dekotipp:** Man kann um den Cheesecake eine Satinschleife binden.

schmeckt auch vor acht ...

# Allgemeine Hinweise

## ABKÜRZUNGEN

EL = Esslöffel
TL = Teelöffel
Msp. = Messerspitze
Pck. = Packung/Päckchen
g = Gramm
kg = Kilogramm
ml = Milliliter
l = Liter
evtl. = eventuell
geh. = gehäuft
gestr. = gestrichen
gem. = gemahlen
ger. = gerieben
TK = Tiefkühlprodukt
Ø = Durchmesser

## KALORIEN-/ NÄHRWERTANGABEN

E = Eiweiß
F = Fett
Kh = Kohlenhydrate
kJ = Kilojoule
kcal = Kilokalorien
BE = Broteinheiten

Bei den Nährwertangaben in den Rezepten handelt es sich um auf- bzw. abgerundete ganze Werte. Lediglich die Broteinheiten werden in 0,5er-Schritten mit einer Stelle nach dem Komma angegeben.

Aufgrund von ständigen Rohstoffschwankungen und/oder Rezepturveränderungen bei Lebensmitteln kann es zu Abweichungen kommen. Die Nährwertangaben dienen daher lediglich Ihrer Orientierung und eignen sich nur bedingt für die Berechnung eines Diätplans, zum Beispiel bei Krankheiten wie Diabetes.

Bei krankheitsbedingten Diäten richten Sie sich daher bitte nach den Anweisungen Ihres Diätassistenten bzw. Ihres Arztes.

## ALLGEMEINE HINWEISE ZU DEN REZEPTEN

Lesen Sie bitte vor der Zubereitung – besser noch vor dem Einkauf – das Rezept einmal vollständig durch. Oft werden Arbeitsabläufe oder -zusammenhänge dann klarer.

## ZUTATENLISTE

Die Zutaten sind in der Reihenfolge ihrer Verarbeitung aufgeführt.

## ARBEITSSCHRITTE

Die Arbeitsschritte sind einzeln hervorgehoben, in der Reihenfolge, in der sie von uns ausprobiert wurden.

## FORMEN

Torten aus dem Kühlschrank gelingen sehr gut in einem Tortenring, da er am Rand sehr glatt ist. So lässt sich die Torte gut lösen. Außerdem kann der Durchmesser passend zum Rezept eingestellt werden. Ersatzweise können Sie den Tortenboden auch in einem Springformrand (bitte den Durchmesser beachten) zubereiten. Lösen Sie den Tortenboden mit einem Tortenheber oder einem langen Messer vom Backpapier. Anschließend ziehen Sie das Backpapier einfach unter dem Tortenboden weg.

## ZUBEREITUNGSZEITEN

Die Zubereitungszeit ist ein Anhaltswert für die Dauer der Vorbereitung und die eigentliche Zubereitung. Längere Wartezeiten wie Kühl- oder Abkühlzeiten, Auftau- und Durchziehzeiten sind, sofern parallel keine weitere Tätigkeit erfolgt, nicht in der Zubereitungszeit enthalten.

## BITTE BEACHTEN:

Für alle Torten aus dem Kühlschrank gilt: Servieren Sie sie immer gut gekühlt! Ist es im Sommer sehr warm, verwenden Sie eine Tortenplatte mit Kühlakku oder stellen Sie die restliche Torte so schnell wie möglich wieder in den Kühlschrank, damit sie frisch und appetitlich bleibt.

# Versuch macht klug!

Selbst mitmachen und die Dr. Oetker Versuchsküche live erleben – heißt es in Bielefeld. Dort finden regelmäßig Seminare und Vorführungen statt, bei denen den Profis der Versuchsküche über die Schulter geschaut und selbst Hand angelegt werden kann.

Es gibt wertvolle Tipps und so manch raffinierter Trick wird verraten. Zum Abschluss kann das Selbstgemachte in gemütlicher Runde probiert werden. Erleben Sie einen schönen Tag in der Dr. Oetker Versuchsküche. Wir freuen uns auf Sie.

Alle Infos unter www.oetker.de oder unter 00800 71 72 73 74 (gebührenfrei in Deutschland).

*Qualität ist das beste Rezept.*

# Kapitelregister

# Alphabetisches Register

Für Fragen, Vorschläge oder Anregungen stehen Ihnen der Verbraucher-service der Dr. Oetker Versuchsküche Telefon: 00800 71 72 73 74
Mo.–Fr. 8:00–18:00 Uhr, Sa. 9:00–15:00 Uhr (gebührenfrei in Deutschland) oder die Mitarbeiter des Dr. Oetker Verlages Telefon: +49 (0) 521 52 06 42
Mo.–Fr. 9:00–15:00 Uhr zur Verfügung. Oder schreiben Sie uns:
Dr. Oetker Verlag KG, Am Bach 11, 33602 Bielefeld.
Oder besuchen Sie uns online im Internet unter www.oetker-verlag.de, www.facebook.com/Dr.OetkerVerlag oder www.oetker.de.

**Umwelthinweis:** Dieses Buch und der Einband wurden auf chlorfrei gebleichtem Papier gedruckt. Die Einschrumpffolie – zum Schutz vor Verschmutzung – ist aus umweltfreundlichem und recyclingfähigem PE-Material.

**Copyright:** © 2013 by Dr. Oetker Verlag KG, Bielefeld

**Redaktion:** Carola Hülshoff, Andrea Gloß

**Titelfoto:** Thomas Diercks, Hamburg
**Innenfotos:** Walter Cimbal, Hamburg (S. 11, 13, 19, 33, 43, 45, 49, 55, 57, 63, 67, 69, 77, 81, 89, 91)
Thomas Diercks, Hamburg (S. 9, 21, 25, 27, 59, 61, 79, 83)
Ulrich Hartmann, Halle/Westf. (S. 53, 85)
Christiane Krüger, Hamburg (S. 7, 15, 17, 29, 39, 65, 71, 87)
Anke Politt, Hamburg (S. 23, 31, 35, 41, 47, 73, 75)
Brigitte Wegner, Bielefeld (S. 37)

**Rezeptentwicklung, -beratung und Foodstyling:** Anke Rabeler, Hamburg, Hermann Rottmann, Hamburg
**Nährwertberechnungen:** Nutri Service, Hennef

**Grafisches Konzept und Satz:** kontur:design, Bielefeld
**Titelgestaltung:** küstenwerber, Hamburg

**Reproduktionen:** d&d digital data medien GmbH, Bad Oeynhausen
**Druck und Bindung:** Mohn Media Mohndruck GmbH, Gütersloh

**Wir danken für die freundliche Unterstützung:**
Griesson – de Beukelaer, Wiesbaden
Ludwig Schokolade, Bergisch-Gladbach

**ISBN:** 978-3-7670-0882-3